AF502213

ÉTUDE

DE

Me CHARLES RAGINET

Avoué

Près le Tribunal civil de 1re instance
de la Seine,

Succr de Me GOURBINE,

14, rue Pavée-St-André-des-Arts.

Paris, le 9 7bre 1858

Monsieur l'administrateur

[illegible] le premier exemplaire [illegible]

[illegible]

[illegible] des [illegible]

[illegible]

DE LA

REVENDICATION

DES LIVRES

ESTAMPES ET AUTOGRAPHES

Appartenant

A LA BIBLIOTHÈQUE IMPÉRIALE

ET

A LA BIBLIOTHÈQUE SAINTE-GENEVIÈVE

DE LA

REVENDICATION

DES LIVRES

ESTAMPES ET AUTOGRAPHES

APPARTENANT

A LA BIBLIOTHÈQUE IMPÉRIALE

ET

A LA BIBLIOTHÈQUE SAINTE-GENEVIÈVE

PAR

M. CHARLES RACINET,

AVOUÉ PRÈS LE TRIBUNAL CIVIL DE PREMIÈRE INSTANCE
DE LA SEINE, ET DU MINISTÈRE
DE L'INSTRUCTION PUBLIQUE ET DES CULTES.

PARIS

IMPRIMÉ CHEZ BONAVENTURE ET DUCESSOIS
55, QUAI DES AUGUSTINS.

Août 1858

DE LA

REVENDICATION

DES

LIVRES, ESTAMPES ET AUTOGRAPHES

APPARTENANT

A LA BIBLIOTHÈQUE IMPÉRIALE

ET

A LA BIBLIOTHEQUE SAINTE-GENEVIÈVE.

EXPOSÉ GÉNÉRAL.

La première Chambre du Tribunal civil de première instance de la Seine est appelée à statuer très-prochainement sur plusieurs demandes formées par Son Excellence M. le ministre de l'Instruction publique, au nom de la Bibliothèque impériale et de la Bibliothèque Sainte-Geneviève, et ayant pour objet la restitution de livres, estampes et manuscrits volés à ces Bibliothèques par Antoine-François-Emile Chavin de Malan.

Ces vols, d'une extrême importance, remontent à dix-huit années environ; ils ne purent être constatés et reconnus qu'à la fin de janvier 1858. Lors de la publication des Catalogues des livres, estampes et autographes dépendant de la succession de M. Chavin de Malan, MM. les administrateurs de la Bibliothèque impériale et de la Bibliothèque Sainte-Geneviève s'empressèrent de vérifier si, dans ces Catalogues, ne figuraient pas des livres, estampes et autographes qui avaient disparu de leurs Bibliothèques. Ils constatèrent immédiatement que les articles les plus importants de ces Catalogues leur avaient été volés.

M. le ministre de l'Instruction publique donna les autorisations nécessaires pour que, sans délai, des mesures fussent prises à l'effet de faire réintégrer dans les Bibliothèques de l'État les précieux ouvrages qui avaient été soustraits.

M. Demichelis, libraire, qui faisait vendre à sa requête les livres, estampes et autographes du sieur Chavin de Malan, consentit à ce que tous les objets réclamés par les Bibliothèques fussent retirés de la vente.

Quelques semaines auparavant, le 19 décembre 1857, S. E. M. le ministre de l'Instruction publique avait institué une Commission chargée d'examiner les modifications à introduire dans l'organisation de la Bibliothèque impériale.

Le 27 mars 1858, M. Mérimée, au nom de la Commission, a fait son rapport à M. le ministre.

Sur le rapport de Son Excellence, S. M. l'Empereur a rendu, le 14 juillet 1858, un décret portant réorganisation de la Bibliothèque impériale.

Le décret impérial, le rapport de M. le ministre et celui de M. Mérimée ont été publiés dans le *Moniteur* le 14 juillet 1858.

Une erreur s'était glissée dans le rapport de M. Mérimée. Cette erreur grave, très-importante au point de vue du procès actuel, demandait une rectification.

M. l'administrateur général de la Bibliothèque impériale a adressé à Son Excellence une note, qui sera donnée plus loin en tout son entier.

Son Excellence a cru qu'il était juste qu'elle fût publiée dans l'intérêt de la gestion de ce grand établissement public.

Cette note a été reproduite par les journaux quotidiens.

Peu de jours après, le mardi 3 août 1858, le journal le *Messager de Paris*, dans son Courrier du palais, a fait connaître les procès pendants devant la première Chambre du Tribunal civil de première instance de la Seine; l'article de ce journal contient des erreurs qu'il importe de rectifier sans délai.

Au moment où la Bibliothèque impériale vient d'être réorganisée, il est indispensable que le monde littéraire ait une connaissance complète et vraie d'une affaire qui l'intéresse à un haut degré.

L'opportunité de la présente Notice sera facilement appréciée.

Tout ce qui y sera énoncé sera vrai et prouvé par des documents incontestables. La lumière sera faite pour tous, amis et adversaires, et le bon droit de la Bibliothèque impériale et de la Bibliothèque Sainte-Geneviève y apparaîtra avec la plus complète évidence.

Cette Notice sera non-seulement l'explication du passé, elle pourra servir de lumière et d'exemple pour l'avenir.

La Bibliothèque Sainte-Geneviève a, dans cette affaire, le rôle le plus important : 170 ouvrages en 269 volumes lui ont été volés.

C'est en son nom que les premières diligences judiciaires ont été faites. C'est par elle que nous commencerons la narration des faits du procès.

Avant d'entrer dans l'exposé de l'affaire judiciaire, il importe de présenter quelques notions historiques et biographiques sur l'ancienne abbaye de Sainte-Geneviève et sur deux hommes illustres que la Bibliothèque compte avec reconnaissance parmi ses bienfaiteurs : Charles-Maurice Le Tellier, archevêque de Reims, Pierre-Claude-François Daunou, ancien pair de France.

Les noms de ces deux hommes célèbres se rencontreront souvent dans cette Notice ; il est indispensable de les faire connaître ; il est utile d'ailleurs de rappeler des bienfaits qui durent toujours et qui ne peuvent pas être oubliés.

CHAPITRE I

L'ABBAYE DE SAINTE-GENEVIÈVE.

LA BIBLIOTHÈQUE SAINTE-GENEVIÈVE.

En l'an 506, le roi Clovis, au moment d'entreprendre la guerre contre Alaric et les Goths qui occupaient la Guyenne et le Languedoc, avait fait le vœu d'élever une église aux bienheureux apôtres saint Pierre et saint Paul.

Lançant sa hache au loin, il avait prononcé ces mots : *Fiat Ecclesia beatorum apostolorum, dum auxiliante Deo revertimur* [1].

Commencée, en 508, sur le mont Locutitius, à peu de distance du palais des Thermes, cette église fut continuée par la reine Clotilde, son épouse. Une abbaye de religieux avait été établie auprès de l'église,

Clovis mourut en 511 ; il fut inhumé dans l'église dont il avait jeté les fondements. Sainte Geneviève,

[1] Claude Dumolinet, chanoine et bibliothécaire de Sainte-Geneviève, né en 1620, mort en 1687. *Histoire manuscrite de Sainte-Geneviève et de son église royale et apostolique.* 1687. Bibl. Sainte-Geneviève. Manuscrit H, n° 21.

décédée le 3 janvier 512, y fut également enterrée, ainsi que la reine Clotilde, morte en 545.

Jusqu'à la fin du xe siècle, cette église continua de porter le nom de Saint-Pierre et de Saint-Paul.

Vers le mois de décembre 856, les Normands s'avancèrent jusqu'à Paris. Furieux de ne point trouver dans l'abbaye les vases sacrés qui en avaient été enlevés, ils y mirent le feu.

Après leur retraite, l'église fut réparée.

En 1145, l'abbaye fut reformée par l'abbé Suger. Un nouvel abbé fut nommé, et douze chanoines réguliers de l'ordre de Saint-Augustin, tirés de l'abbaye de Saint-Victor, y furent solennellement installés.

L'église et l'abbaye furent reconstruites en 1177, par les soins de l'abbé Etienne, et achevées en 1180, sous le règne de Philippe-Auguste.

Guillebert de Metz[1], qui décrivit Paris au xve siècle (vers 1434), s'exprime ainsi à l'égard de Sainte-Geneviève :

« En la haulte partie de la ville ou les escoles sont :

« L'église parochiale de Saint-Pierre et Pol que « l'en dist de Sainte-Genevieve....

« L'abbaye de chanoines réguliers à Sainte-Gene- « vieve ou l'en tient les plais devant l'abbé des causes « dont le pape se desmet. Si y est la chancellerie de « l'université ; et convient que le chancellier soit de « l'ordre d'icelle abbaye ; et a l'abbé haulte justice, « moyenne et basse. Aussi est l'église de tele preroga- « tive que nul patriarche arcevesque ne evesque n'y

[1] *Description de la ville de Paris au XVe siècle*, par Guillebert de Metz, publiée par Leroux de Lincy. Paris, 1855, Aug. Aubry.

« peuvent entrer en leurs propres habis fors en l'abit « de chanoine. Item il y a une crouste (crypte) sous « la moyenne partie du cuer ou sont les sepulcres de « sainte Genevieve et d'autres sains. Item en la tierce « basse partie du cuer ou les chanoines chantent; la « est la tombe du roy Cloïs, le premier crestien qui « fonda celle église, et de la royne sainte Crotilde « son épouse. »

Claude Dumolinet, que nous avons précédemment cité, a écrit l'histoire de sainte Geneviève et de son église.

Cette œuvre manuscrite, qui existe à la Bibliothèque Sainte-Geneviève (manuscrit H, n° 21), est divisée en sept livres; elle porte la date de 1687.

Dans le septième livre, Dumolinet s'exprime ainsi :

« L'abbaye de Sainte-Geneviève ayant eu de toute « antiquité des escholes très célèbres et ayant esté « gouvernée par plusieurs abbés dont le mérite a esté « honnoré du tiltre de docteur, il ne faut pas douter « que ces sçavans personnages qui avoient l'estude « des bonnes lettres en si grande recommandation « n'ayent eu le soin de composer une nombreuse bi- « bliothèque et d'amasser un grand nombre de volu- « mes pour les cultiver autant que le temps leur « permettoit.

« Il est vray que l'ignorance de ceux qui vivoient « icy durant les désordres du siècle passé ayant « beaucoup négligé ce trésor dont ils ne connaissoient « pas le prix, l'ont laissé dissiper et passer dans des « mains estrangeres, en sorte qu'on vendit les ma- « nuscrits a la livre pour avoir des livres de chant « pour l'église, et cette maison se trouva si dépourvue « de livres imprimez lorsque M. le cardinal de La

« Rochefoucauld [1] y mit la réforme en 1624, qu'il n'y « en avoit pas un seul, ce qui obligea ce prélat d'en « envoyer 5 ou 600 de sa propre bibliothèque pour « l'usage et l'entretien des nouveaux religieux qu'il « avoit fait venir de Saint-Vincent de Senlis, et c'est « ce qui a servi de fondement à la Bibliothèque de « Sainte-Geneviève, qui passe aujourd'hui pour une « des plus belles et des plus nombreuses de Paris. »

Sur le manuscrit se trouve à la suite la mention ci-après, écrite d'une main différente :

« (L'auteur écrivoit cecy en 1687.—Il y avoit alors « 20,000 volumes dans la Bibliothèque, comme on « peut le voir à la page 908.)

« Le lieu où elle est renfermée est une grande ga- « lerie sur la chapelle de ce cloistre, qui a près de « 30 toises de longueur sur 4 de largeur, etc.

« Elle a été bastie à cet effet en 1675.

« Quant à ce qui est du dedans et à ce qu'elle con- « tient, on peut le diviser en trois parties pour en « parler avec plus de méthode, sçavoir : 1° les livres « manuscrits, 2° les livres imprimez. 3° le cabinet « des antiques, qui est une chose singulière. »

Plus loin, page 908 de ce manuscrit, Dumolinet ajoute :

LES LIVRES IMPRIMEZ.

« Cette Bibliothèque de Sainte-Geneviève comprend

[1] François de La Rochefoucauld, né le 8 décembre 1558, évêque de Clermont en 1585. évêque de Senlis et cardinal en 1607, mort à Paris, le 14 février 1645. Il était abbé de Sainte-Geneviève et logeait à l'abbaye. *Tallemont des Réaux*, qui lui a consacré une historiette (vol. III, page 358, 3e édition, Paris, Techener, 1854), dit de lui : Hors qu'il estoit un peu trop jésuite et un peu trop crédule, il estoit un bon ecclésiastique.. .. Il faisoit de grandes aumosnes sans ostentation. Il a donné plus de 40,000 escus à l'hospital des Incurables, et ce qui est encore plus beau, il fit casser une vitre où l'on avoit mis ses armes.

« environ vingt mil volumes de livres imprimez tant « grands que petits de toutes les facultés, tous bien « conditionnez et de belles éditions. Les matières les « plus amples et les mieux fournies sont les Bibles, « les antiquités de l'Escriture sainte, les Conciles, les « Pères grecs et latins, l'Histoire ecclésiastique géné- « ralle et particulière des églises et des religions, « l'Histoire de France généralle et particulière des « provinces, des villes et des familles ; les Vies des « hommes illustres, les épistolaires, les livres de ma- « tières singulières, les livres de médailles, de devises « et d'emblèmes. On a dessein d'augmenter les autres « facultés le plus qu'il se pourra et d'avoir tous les « bons livres des auteurs dont on a déjà un nombre « fort considérable. »

On peut encore consulter un autre ouvrage de Dumolinet, *le Cabinet de la Bibliothèque Sainte-Geneviève*, imprimé à Paris en MDCXCII, in-folio.

Dans la préface de ce livre, Dumolinet rend un compte très-sommaire de la réforme du cardinal de La Rochefoucauld : « Les chanoines réguliers de Saint-Vincent « de Senlis, dit-il, s'appliquèrent pendant plusieurs « années à amasser des livres ; les pères Fronteau et « Lallemant, chancelier de l'Université, ont travaillé « avec assiduité et succès à cette acquisition, et ils « ont vu de leur temps jusqu'à 7 ou 8,000 volumes « dans la Bibliothèque de Sainte-Geneviève. »

Le père Fronteau mourut le 17 avril 1662.

Quelques années après la mort de Dumolinet, arrivée le 2 septembre 1687, les génovéfains recueillirent le legs de la bibliothèque de Charles-Maurice Le Tellier, archevêque de Reims.

Nous consacrerons un chapitre particulier à l'archevêque de Reims et à la riche bibliothèque qu'il avait léguée à l'abbaye de Sainte-Geneviève.

La Bibliothèque avait continué à s'enrichir, et, à l'époque de la Révolution, elle possédait 90,000 volumes et 3,000 manuscrits.

Elle était célèbre dans le monde savant. Ses richesses littéraires n'étaient point exclusivement réservées aux génovéfains, la Bibliothèque était publique.

L'Assemblée nationale, dans sa séance du 13 février 1790, décréta comme articles constitutionnels la suppression des ordres et congrégations religieuses de l'un et l'autre sexe.

Un décret du 20 mars suivant ordonna aux officiers municipaux de se transporter dans les maisons de religieux de leur ressort, à l'effet d'y dresser notamment l'état et description sommaire de la Bibliothèque.

Cette mesure fut exécutée pour l'abbaye de Sainte-Geneviève, et nous transcrivons ici la mention mise sur le Catalogue de la Bibliothèque dressé en 9 volumes en l'année 1754 :

« Le 21 avril 1790. En exécution des décrets de « l'Assemblée nationale des 20 février, 19 et 20 mars « de la présente année, sanctionnés par le roi le 26 « du même mois et transcrits sur les registres de la « municipalité le 10 du même mois, et des pouvoirs « donnés par la municipalité de Paris suivant ses « arrêtés des 10 et 12 du mois d'avril ;

« Nous, Etienne-Louis-Hector de Joly, lieutenant « de maire du tribunal municipal de la ville de Paris;

« Jean-Valentin Buob, conseiller administrateur au « département des établissements publics ;

« Et Achille-Thomas-Simonet de Maisonneuve, con- « seiller administrateur au département des imposi-

« tions, — tous les trois membres de la municipalité « de Paris et commissaires nommés par le conseil de « la ville par les arrêtés susdits ;

« Nous sommes fait représenter le Catalogue de la « Bibliothèque de Sainte-Geneviève, composé de 9 vo- « lumes in-folio décrits dans notre procès-verbal de « ce jour, en tête et à la fin desquels nous avons fait « la présente mention, en les laissant, ainsi que les « ouvrages qui y sont mentionnés, à la charge de « MM. Pingré, Viallon et Ventenat, bibliothécaires, « qui s'en sont chargés sur notre dit procès-verbal. »

La Bibliothèque de Sainte-Geneviève prit alors le nom de Bibliothèque du Panthéon, qu'elle a gardé jusqu'en 1815.

Comme toutes les Bibliothèques publiques conservées par l'État, la Bibliothèque du Panthéon s'augmenta d'un nombre considérable de livres provenant des congrégations religieuses supprimées.

En 1798, elle s'enrichit de livres très-précieux, envoyés de Rome à Paris par M. Daunou, ainsi qu'on le verra plus loin, et qui avaient fait partie de la bibliothèque particulière du pape Pie VI.

La Bibliothèque de Saint-Geneviève a quitté, il y a plusieurs années, l'ancienne abbaye des génovefains, et a été installée en octobre 1850 dans le remarquable édifice qui a été construit à cet effet sur la place du Panthéon.

Elle est ouverte au public le matin et le soir, et chaque jour elle est fréquentée par 1,000 à 1,200 lecteurs.

Elle possède aujourd'hui 120,000 volumes et 3,500 manuscrits [1].

[1] *Le Budget de l'Instruction publique*, par M. Jourdain, 1857. Hachette, p. 247.

CHAPITRE II

CHARLES-MAURICE LE TELLIER.

Charles-Maurice Le Tellier, archevêque-duc de Reims, premier pair de France ecclésiastique, était fils de Michel Le Tellier, chancelier de France sous le roi Louis XIV, et frère du marquis de Louvois.

L'abbé de La Rivière, favori de Gaston, duc d'Orléans, célèbre par le rôle important qu'il a joué dans les troubles la Fronde, était évêque de Langres. L'évêché de Langres, un des plus importants de France, avait de forts beaux bénéfices ; il était en outre duché-pairie. Louvois, considérable par lui-même et par son père, capta l'abbé de la Rivière, et obtint pour son frère Charles-Maurice la coadjutorerie de l'évêché-duché-pairie de Langres (1668).

« La Rivière (dit Saint-Simon)[1] savait par expérience « active et passive ce que peuvent les ministres. Il fut « ravi de s'acquérir M. de Louvois et son père, et alla « avec les deux frères dire sa résolution à M. Le Tel-

[1] *Mémoires du duc de Saint-Simon*, tome II, page 163. Paris, 1856, Hachette.

« lier. Celui-ci fut épouvanté d'un siége de cette dig-
« nité, mais l'affaire était faite ; il ne put s'empêcher
« de se joindre à eux pour la faire agréer au roi.

« Le bruit qu'elle fit réveilla le cardinal Antoine
« Barberini, archevêque-duc de Reims [1]. Sa puissance
« et sa chute à Rome, la protection que le cardinal
« Mazarin lui avait accordée et à sa famille fugitive
« en France, ne lui avaient pas donné moins d'expé-
« rience et d'instruction qu'à La Rivière, touchant les
« ministres.

« Il accourut dès le lendemain chez Le Tellier, où il
« envoya chercher ses fils, leur fit de grands reproches
« de s'être adressés à M. de Langres plutôt qu'à lui, et
« de ce pas alla demander au roi la coadjutorerie
« de Reims pour l'abbé Le Tellier et l'obtint sur-le-
« champ.

« Une si prodigieuse fortune pour un homme de
« l'État et de l'âge de l'abbé Le Tellier, qui n'avait
« pas encore vingt-sept ans entièrement accomplis, fit
« un grand bruit dans le monde et surprit jusqu'à sa
« famille, jusqu'à lui même [2]. »

Le cardinal Barberini avait eu avec le chapitre de Reims les plus graves démêlés. François de Maucroix [3], l'ami de La Fontainc, avait été élu sénéchal pour re- sister aux exigences du cardinal. Le chapitre était fort mal avec son archevêque, aussi vit-il avec bonheur la nomination de Charles-Maurice comme coadjuteur.

Sacré archevêque de Nazianze dans l'église de Sor-

[1] Antoine Barberini, né à Rome en 1608, neveu du pape Urbain VIII, cardinal en 1628.

[2] Juin 1668.

[3] François de Maucroix, né à Noyon le 7 janvier 1619, mort à Reims le 9 avril 1708, âgé de 89 ans 3 mois 2 jours.

bonne à Paris, le 11 novembre 1668, Charles-Maurice prit possession de l'archevêché le 13 avril 1669.

Le cardinal Barberini, qui était retourné en Italie, mourut à Némy, près Rome, le 2 août 1671 [1].

Charles-Maurice, devenu par ce décès archevêque de Reims, fit son entrée à Reims le 11 octobre de la même année : il fut accueilli avec joie par son chapitre.

Maucroix, qui avait été l'adversaire du cardinal Barberini, fait l'éloge de Charles-Maurice dans ses mémoires publiés par M. Louis Pâris [2]. « Il examina, dit-il, les ordinants avec soin et capacité, car il est habile ; il est docteur de la Sorbonne et y a soutenu avec applaudissement. »

Maucroix dédia à Charles-Maurice, en 1671 et 1675, deux de ses ouvrages, la traduction des Homélies de saint Jean-Chrysostome et celle de l'Histoire du schisme d'Angleterre, de Sanderus.

Charles-Maurice avait formé une magnifique Bibliothèque; il avait chargé Nicolas Clément [3] d'en rédiger le Catalogue. Ce Catalogue, grand in-folio, imprimé à Paris, en 1693, à l'Imprimerie royale, porte le titre suivant : *Bibliotheca Telleriana, sive Ca-*

[1] Maucroix fit plusieurs épitaphes contre le cardinal : nous rappellerons les deux suivantes :

Ci-gît un fou qui porta mitre,
Qui fit enrager son chapitre
Et son clergé diocesain.
Dieu nous garde d'un pareil maître.
Jamais homme ne fut si vain
Et n'eut moins sujet de l'être.

Ci-gît un fol qui porta mitre,
Un fol des fous maître passé :
Or le prelat et son chapitre
Présentement sont *in pace*.

[2] Maucroix, *Œuvres diverses*, publiées par Louis Pâris, Rennes, 1856, Brissart Binet, tome II, p. 320.

[3] Nous en parlerons plus loin, page 51.

talogus librorum Bibliothecæ illustrissimi ac reverendissimi D. Caroli Mauritii Le Tellier, archiepiscopi ducis Remensis, primi Franciæ ducis, etc.

Cette Bibliothèque, composée avec le plus grand soin, comprenait un certain nombre d'ouvrages venant des célèbres Bibliothèques de François-Augustin de Thou et de Colbert. Les Livres, pour la plupart, étaient des exemplaires de choix ; les in-folio en grand papier ; ils étaient reliés en maroquin rouge, presque tous aux armes de l'archevêque et dorés sur tranche. Beaucoup de reliures étaient de Dusseuil.

Parmi les richesses de cette Bibliothèque, indépendamment des magnifiques ouvrages saisis-revendiqués chez M. Solar, et dont il sera ultérieurement parlé, on remarquait un très-bel exemplaire, sur peau vélin, de la Bible de Mayence, imprimée en 1462, par Faust et Schœffer, en 2 volumes.

Charles-Maurice mourut le 12 février 1710, âgé de 69 ans.

Saint Simon a fait son portrait. Bien qu'il ne soit pas flatté, nous croyons devoir le reproduire ici [1] :

« Un bien plus grand prélat mourut en même temps « qui laissait moins de regret [2]. Ce fut l'archevêque « de Reims, de qui j'ai parlé plus d'une fois. Il avait « les abbayes de Saint-Remy de Reims, de Saint-« Thierry près Reims, qu'il avait fait unir à son ar-« chevêché pour le dédommagement de l'érection « de Cambrai en archevêché, auparavant suffragant « de Reims, qui n'avait pas été fait, de Saint-Étienne « de Caen, de Saint-Bénigne de Dijon, de Breteuil et « quelques autres encore. Il était commandeur de

[1] Saint-Simon, édition Hachette, tome VIII, page 116.
[2] Fléchier, évêque de Nimes, mort en 1710.

« l'ordre, doyen du Conseil, maître de la chapelle du « roi, proviseur de Sorbonne et le plus ancien ar- « chevêque de France. Outre ce que j'ai dit ailleurs « de sa fortune et de son caractère, j'ajouterai que, « janséniste de nom, ennemi des jésuites [1], savant en « tout de ce qui était de son état pour le spirituel et « le temporel, c'était avec de l'esprit un composé fort « extraordinaire. Rustre et haut au dernier point, il « était humble sur sa naissance à en embarrasser, ex- « trêmement du grand monde, magnifique et toutefois « avare, grand aumônier assez résident chaque année, « gouvernant et visitant lui-même son diocèse, qui « était le mieux réglé du royaume et le mieux pourvu « des plus excellents sujets en tout genre qu'il savait « choisir, s'attacher, employer et bien récompenser; « avec cela fort de la cour et du plus grand monde, « gros joueur, habile en affaires et fort entendu pour « les siennes, lié avec les plus doctes et les plus saints « de l'épiscopat, aimé et estimé en Sorbonne, qu'il « protégeait et gouvernait très-bien.

« C'était un homme fort judicieux et qui avait le « talent du gouvernement........ »

Saint-Simon fait connaître le testament de l'archevêque de Reims. « *Il donnait*, dit-il, *aux religieux de Sainte-Geneviève de Paris sa Bibliothèque, la plus belle de l'Europe pour un particulier.* »

Les Génovéfains acceptèrent avec reconnaissance ce précieux legs, et, pour honorer la mémoire de leur bienfaiteur, ils firent faire par le sculpteur Coysevox un magnifique buste en marbre blanc de Charles-Maurice Le Tellier.

[1] Il avait eu de grandes difficultés avec les jésuites, et s'en était tiré avec honneur en 1698. (Voir Saint-Simon, tome II, page 76.)

Ce buste, daté de 1711, est placé dans la galerie des manuscrits et des livres rares en face de celui du chancelier Michel Le Tellier.

Nous aurions voulu pouvoir donner un extrait du testament de l'archevêque de Reims. Ce testament, fait olographe, a été imprimé, et un exemplaire a appartenu autrefois à la Bibliothèque Sainte-Geneviève.

Ce testament imprimé était annexé à un magnifique exemplaire en grand papier de la *Bibliotheca Telleriana*, relié en maroquin rouge, aux armes de l'archevêque.

Le tout, inscrit sur les Catalogues de la Bibliothèque et disparu depuis plusieurs années, a été retrouvé et saisi-revendiqué chez M. Solar. La Bibliothèque Sainte-Geneviève, momentanément privée de ce titre précieux, en remplace provisoirement l'énonciation par le passage ci-dessus rapporté des Mémoires du duc de Saint-Simon.

La Bibliothèque de l'archevêque de Reims contenait 16,000 volumes.

Pour constater la provenance des livres à eux légués, les chanoines de Sainte-Geneviève firent imprimer et coller sur chacun de ces livres une étiquette en papier blanc, de la forme d'un carré long, encadré d'un filet noir et portant cette mention :

> *Ex bibliotheca*
> *quam* 16000 *voll. Constantem*
> *huic abbatiæ S. Genovefæ Paris.*
> *Testamento legavit Car. Maurit.*
> *Le Tellier, archiep. Remensis.*
> *Obiit anno* 1710.

CHAPITRE III

M. DAUNOU.

Pierre-Claude-François Daunou, né à Boulogne-sur-Mer, décédé à Paris, le 20 juin 1840, fit ses études au couvent des Oratoriens de Boulogne avec de grands succès. Obéissant à la volonté de son père, il fut reçu à l'institution de l'Oratoire de Paris, le 17 novembre 1777, à l'âge de seize ans et huit mois, et il en prit l'habit le 4 décembre de la même année. Il resta dans la congrégation de l'Oratoire jusqu'à la suppression des ordres religieux.

Nommé, le 9 septembre 1792, par le département du Pas-de-Calais, député à la Convention nationale, il quitta à jamais les fonctions ecclésiastiques.

Dans le procès de Louis XVI, il repoussa la compétence de la Convention nationale et publia son *Opinion sur le jugement de Louis Capet* et ses *Considérations sur le procès de Louis XVI*. Dans cette dernière œuvre courageuse et sincère, il réclamait les garanties nécessaires pour un jugement équitable et disait : « Que l'enthousiasme soit quelquefois accusateur, du « moins ne faut-il pas qu'il soit juge, et il est affreux

« qu'il prononce des arrêts de mort. De tels arrêts « outragent la nature: ils ne peuvent honorer que le « crime lui-même qui les subirait. »

Après le plaïdoyer de Desèze, M. Daunou publia un troisième écrit : *Complément de l'opinion de P.-C.-F. Daunou sur l'affaire du ci-devant roi.*

Il motiva son vote de la manière suivante :

« Les formes judiciaires n'étant pas suivies, ce « n'est point un jugement criminel que la Convention « a voulu prononcer : je ne lirai donc pas les pages « sanglantes de notre code, puisque vous avez écarté « toutes celles où l'humanité avait tracé les formes « protectrices de l'innocence ; je ne prononce donc « pas comme juge, or il n'est pas de la nature d'une « mesure d'administration de s'étendre à la peine « capitale. Cette peine serait-elle utile ? L'expérience « des peuples qui ont fait mourir leur roi démontre « le contraire. Je vote donc pour la déportation et la « réclusion provisoire jusqu'à la paix. »

Après que l'arrêt eut été prononcé, il demanda qu'il fût sursis à l'exécution.

Le 31 mai 1793, la Convention proscrivit les Girondins. Quelques mois après, le 3 octobre, elle décréta d'accusation 135 de ses membres. Les uns furent immédiatement traduits devant le tribunal révolutionnaire, les autres furent mis en état d'arrestation.

M. Daunou fut du nombre de ces derniers. Conduit à la Force, il y séjourna jusqu'au 14 juillet 1794 ; il fut de là transféré successivement aux Madelonnettes, aux Bénédictins-Anglais, à l'Hôtel-des-Fermes et à Port-Libre[1].

[1] Port-Royal.

Le 9 thermidor arriva, mais M. Daunou ne fut rendu à la liberté que le 3 brumaire an III. Un décret de la Convention du 18 frimaire suivant le rappela dans le sein de l'Assemblée.

Élu membre du Conseil des Cinq-Cents par vingt-sept départements, il en fut le premier président (6 brumaire an IV), et il fit adopter l'établissement d'une Bibliothèque près le Corps Législatif.

Premier président de l'Institut national, il prononça le discours d'installation et d'ouverture de cette illustre assemblée, le 15 germinal an IV.

Le 17 floréal an V, M. Daunou fut nommé par le Directoire *administrateur en chef de la Bibliothèque du Panthéon* (Sainte-Geneviève).

« Aucune fonction, dit M. Taillandier, conseiller à « la Cour de cassation et exécuteur testamentaire « de M. Daunou [1], ne pouvait mieux lui convenir « que celle de bibliothécaire. Dès sa plus tendre jeu- « nesse, il avait aimé les livres; il les avait étudiés « avec le plus grand soin. Il possédait une quantité « immense de cartes sur lesquelles il avait relevé les « titres des principales productions typographiques « de tous les pays ; il en avait fait de savantes ana- « lyses; car pour lui la science du bibliographe ne « consistait pas seulement à connaître le titre des ou- « vrages et l'indication des meilleures éditions, mais « encore à réunir les notions les plus positives sur les « matières qui y sont traitées. IL RÉDIGEA LE CATA- « LOGUE DES OUVRAGES APPARTENANT A CETTE BIBLIO- « THÈQUE DONT LES ÉDITIONS REMONTENT AU XVe SIÈCLE. »

[1] *Documents biographiques* sur P.-C.-F. Daunou, 2e édition. Paris, 1847, page 109.

Un arrêté du Directoire, du 12 pluviôse an VI, nomma une Commission pour organiser la république à Rome après l'assassinat du général Duphot.

Daunou fut l'un des membres de cette Commission.

« Au milieu de ces fonctions (je cite de nouveau « M. Taillandier, même livre, page 124), M. Dau« nou n'avait pas perdu le goût des études bibliogra« phiques et des travaux littéraires. La belle biblio« bliothèque particulière de Pie VI avait été remise « à Haller, administrateur en chef des finances en « Italie, et était au moment d'être vendue. M. Dau« nou s'empressa d'écrire au Directoire et obtint la « faculté d'y puiser les ouvrages les plus précieux « pour les adresser à la Bibliothèque nationale et à « celle du Panthéon à Paris. Il entra en relation à ce « sujet avec M. Van Praët, qui lui envoya une note « des principales éditions du xve siècle qui se trou« vaient dans les différentes bibliothèques de Rome « et qui manquaient dans celles dont il avait la direc« tion. C'est ainsi que la Bibliothèque Sainte-Gene« viève possède aujourd'hui de magnifiques pro« ductions typographiques sorties des presses de « Sweynheym et Pannartz, et des autres principaux « imprimeurs établis en Italie au xve siècle, la plu« part reliées aux armes de Pie VI, et les grands ou« vrages à gravures sur le musée Clémentin, la co« lonne Trajane, les fresques du Vatican, par Raphaël, « etc. La Bibliothèque du roi, moins heureuse, a été « obligée de rendre tous les ouvrages que M. Dau« nou lui avait fait envoyer. »

Dans une lettre adressée à La Réveillère-Lepaux, de Rome, à la date du 30 ventôse an VI, M. Daunou écrit : « La Bibliothèque nationale aura une grande

« partie des livres qu'elle demande ; elle aura de plus « un grand nombre de manuscrits qui nous semblent « précieux. Le pape avait une bibliothèque particu- « lière très-riche en éditions du xve siècle ; nous en « expédierons plusieurs, soit pour la Bibliothèque na- « tionale, soit pour les autres bibliothèques de Paris. »

Dans une autre lettre du 14 germinal an VI, égale- « ment datée de Rome, il écrit : « Nous sommes « dépositaires des livres demandés à la Bibliothèque « du Vatican par la Bibliothèque nationale dans les « listes numéros 1 et 2 que tu m'as transmises. Il ne « manquera que douze à quinze articles que l'on n'a « pu trouver et qui ne sont pas les plus précieux. Les « scellés sont encore sur les autres bibliothèques indi- « quées dans les listes numéros 3 et 4 ; nous ferons, « pour remplir les vœux de la Bibliothèque nationale, « toutes les démarches efficaces qui seront compatibles « avec les précautions à prendre dans des dépôts qui « ont été exposés à beaucoup de dilapidations.

« Nous avons mis également en réserve, soit pour « la Bibliothèque nationale, soit pour celle du Pan- « théon et de l'École polytechnique, *plusieurs articles* « précieux provenant de la très-riche bibliothèque « personnelle du pape. »

Rendu aux lettres, le 18 brumaire, M. Daunou reprit ses fonctions d'administrateur en chef de la Bibliothèque du Panthéon.

Il l'avait enrichie de livres très-précieux provenant de la bibliothèque particulière de Pie VI, et parmi lesquels figurent au premier rang les œuvres d'Homère, en grec, imprimés par Alde, en 1504, sur peau vélin, et qui sont revendiqués contre M. Firmin Didot.

Au mois de septembre 1804, il fut nommé garde

des archives du Corps Législatif, et, en 1807, archiviste de l'Empire.

En 1815, il perdit cette dernière place, et devint principal rédacteur du *Journal des Savants.*

Il fut élu député du Finistère en 1818, et nommé, en 1819, professeur d'histoire et de morale au Collége de France. Il cessa en 1823 de faire partie de la Chambre des députés. Il fut de nouveau élu député, en 1828, et siégea jusqu'en 1834, époque à laquelle il renonça à sa candidature.

Après la Révolution de 1830, il fut replacé à la tête des Archives du Royaume, et immédiatement il donna sa démission de professeur au Collége de France. Une ordonnance royale du 26 octobre 1832 rétablit l'Académie des Sciences morales et politiques; il reprit sa place dans la section de législation et de droit public, et, le 16 mars 1838, il fut nommé secrétaire perpétuel de l'Académie, après le décès de M. Sylvestre de Sacy.

Il fut appelé à la pairie par ordonnance royale du 9 novembre 1839.

M. Daunou a laissé d'importants travaux littéraires. Dans la séance publique de l'Académie des Sciences morales et politiques du 27 mai 1843, M. Mignet, secrétaire perpétuel de cette Académie, a prononcé son éloge. Il l'appelle l'un des hommes sinon les plus considérables, du moins les plus rares de ce temps-ci par les travaux et la conduite, le talent et l'honnêteté. « M. Daunou, dit-il, a parcouru deux « carrières avec éclat, parce qu'il a eu deux senti- « ments d'une force et d'une constance égales : l'a- « mour des lettres et l'amour de la patrie. Sans être « un savant original et un écrivain de premier ordre, « il a possédé les connaissances les plus vastes et les

« plus variées, le goût le plus fin et le plus sûr ; un « style chaste, ferme, élégant, noble dans sa correc- « tion, brillant dans sa simplicité, et il s'est servi de la « langue des maîtres avec le naturel du talent et la « perfection de l'art. »

La mémoire de M. Daunou est demeurée chère à la Bibliothèque de Sainte-Geneviève. Il y est honoré comme un bienfaiteur auquel on doit de remarquables travaux bibliographiques et les importantes richesses littéraires provenant de la bibliothèque du pape Pie VI.

Son buste figure avec honneur dans les galeries des manuscrits et livres précieux.

CHAPITRE IV

L'ABBÉ CHAVIN DE MALAN.

SAISIES-REVENDICATIONS.

Après les noms honorés de l'archevêque Le Tellier et de M. Daunou, nous avons la douleur de prononcer celui de l'abbé Chavin de Malan.

Jeune, instruit, travailleur, M. Chavin vint à la Bibliothèque Sainte-Geneviève, il y a environ dix-huit à dix-neuf ans. Il avait, disait-il, la protection et l'estime de Mgr Affre, archevêque de Paris, des évêques d'Orléans, de Langres, de Saint-Claude et de Rennes, de M. de Falloux et du père Lacordaire. Il capta la bienveillance de M. Robert, l'un des conservateurs de la Bibliothèque Sainte-Geneviève, et obtint promptement son amitié et sa confiance.

Il ne tarda pas à abuser de cette amitié et de cette confiance, ainsi que le démontre le procès actuel.

M. Chavin se plaignait de voir sans cesse ses travaux interrompus par les vacances de la Bibliothèque ; il obtint de M. Robert, qui habitait dans les bâtiments de l'ancienne abbaye où se trouvait la Bibliothèque, de venir les dimanches et fêtes et pendant les vacances, et de prendre les livres dont il avait besoin.

Cette permission obtenue, il rendait visite à M. Robert, très-âgé et infirme, se faisait remettre la clef de la Bibliothèque et des armoires vitrées; il pénétrait seul dans les salles, choisissait les livres qui lui convenaient et les emportait, sans qu'aucune constatation préalable eût été faite.

Il amenait fréquemment avec lui un commissionnaire; des employés de la Bibliothèque se rappellent avoir vu M. Chavin charger sur les crochets de ce commissionnaire des piles énormes de livres.

La condescendance de M. Robert a donné naissance aux faits déplorables dont la réparation est aujourd'hui demandée au tribunal. M. Chavin s'était emparé de deux livres qui lui firent connaître les richesses de la Bibliothèque et qui le dirigèrent avec toute sécurité dans ses coupables déprédations. Il avait pris l'exemplaire de Bibliothèque, de la *Bibliotheca Tellcriana*, et un catalogue manuscrit des livres rares, incunables, Elzeviers, Aldes et Estiennes, rédigé par M. Ventenat, ancien génovéfain, membre de l'Institut et conservateur de la Bibliothèque.

Ces deux ouvrages ont été retrouvés, le premier chez M. Solar, l'autre chez M. Demichelis.

Avec ces deux catalogues, M. Chavin avait toute facilité pour bien choisir; aussi est-il regrettable de dire que la presque totalité des livres saisis-revendiqués est d'une rareté et d'une valeur exceptionnelles. Il avait pris les livres les plus importants et les plus précieux.

Le nombre des ouvrages saisis-revendiqués par la Bibliothèque Sainte-Geneviève est de 170, représentant 269 volumes.

Indépendamment des livres saisis-revendiqués, la Bibliothèque Sainte-Geneviève a recouvré récemment plusieurs ouvrages très-importants dont M. Chavin avait fait des cadeaux. M. l'abbé Cruice, directeur de l'École des Carmes, a restitué deux ouvrages qui avaient été donnés aux carmes par M. Chavin, notamment les *Œuvres de Denis le Chartreux*, en 17 volumes in-folio, reliés en maroquin rouge et dorés sur tranche [1].

Les pères jésuites ont rendu à la Bibliothèque Sainte-Geneviève un magnifique exemplaire d'un livre très-rare provenant du duc de la Vallière, et payé à sa vente, en 1784, 151 livres : *Ratio atque Institutio, studio societatis Jesu. Romæ, in collegio societatis Jesu*, 1586, petit in-8°. Édition originale.

M. Chavin allait également à la Bibliothèque impériale. Les livres par lui volés sont peu nombreux : 12 articles en 13 volumes ont été saisis-revendiqués. Mais les départements des estampes et des manuscrits avaient fait des pertes de la plus grande importance : 94 magnifiques portraits par Edelinck, Drevet, Nanteuil et autres célèbres graveurs, ont été saisis-revendiqués.

M. Chavin est l'auteur d'une *Histoire de dom Mabillon et de la congrégation de Saint-Maur*, Paris, 1843, in-12. Il a consulté pour ce livre, à la Bibliothèque impériale, les nombreux manuscrits des bénédictins, provenant de l'abbaye Saint-Germain-des-Prés. Le fonds de Saint-Germain-des-Prés a été littéralement pillé par M. Chavin : 514 pièces provenant de ce fonds

[1] *Dyonisii Carthusiani opera. Coloniæ, Petrus Quentel*, 1534, 11 vol. *Venetiis, Raphaelis*, 1584, 6 vol.

ont été également saisies-revendiquées. Depuis cette saisie, de nouvelles pièces ont été retrouvées et restituées à l'amiable par M. Demichelis.

Après le décès de M. Chavin, arrivé à Dôle le 18 novembre 1856, sa famille vendit à M. Demichelis, libraire à Paris, sa bibliothèque, son cabinet d'estampes et d'autographes. Le prix fut fixé à 30,000 francs.

M. Demichelis prit possession de tous les objets vendus et les transporta à Paris. Il fit proposer aux amateurs de beaux livres quelques-uns des ouvrages les plus précieux de la bibliothèque Chavin.

M. Firmin Didot acheta, moyennant 3,600 fr., un exemplaire de la 1re édition des Œuvres d'Homère en grec, sur vélin, 2 volumes. Alde, Venise, 1504.

M. Solar acheta 36 ouvrages, parmi lesquels figurent notamment :

1° *Cæsaris Baronii*, cardinalis, Annales Ecclesiastici; *Raynaldi Tarvisini* Continuatio Annalium Baronii. 22 volumes in-folio, maroquin rouge.

2° D. *Aurelii Augustini*, Hipponensis episcopi, Opera, a *Desiderio Erasmo* emendata. *Basileæ*, in officina Frobeniana, 1529, 10 tomes en 9 volumes in-folio, maroquin rouge.

3° *Breviarium Romanum. Venetiis*, *Jenson*, 1478, in-folio, impressum in membranis, maroquin rouge.

4° *Biblia Sacra polyglotta*, complectentia Vetus Testamentum hebraïco, græco, chaldaïco et latino idiomate; Novum Testamentum græcum et latinum, et vocabularium hebraïcum Veteris Testamenti, etc.; studio, operâ et impensis cardinalis Francisci *Ximenes de Cisneros*. Compluti. de Brocario. 1514, 1515 et 1517, 6 vol. in-folio, maroquin rouge.

5° *Bibliotheca Telleriana*, avec le portrait de Charles-

Maurice Le Tellier, son testament olographe, in-folio, maroquin rouge, avec armes.

Nous n'avons cité que les plus importants ouvrages achetés par M. Solar, les seuls dont nous nous occuperons dans la présente note. Le prix des livres vendus à M. Solar, et qui ont été revendiqués par la Bibliothèque Sainte-Geneviève, s'élève à 6,845 fr.

M. Demichelis a fait des ventes à des amateurs anglais et américains. Aucun renseignement n'a été fourni sur les articles ainsi vendus. La Bibliothèque Sainte-Geneviève a tout lieu de craindre que des livres lui appartenant aient été transportés en Angleterre et en Amérique, et soient par suite perdus à tout jamais pour elle.

M. Demichelis fit faire deux Catalogues, l'un pour les Livres qu'il n'avait pas vendus, et l'autre pour les Estampes et les Autographes. Le Catalogue des Livres, rédigé par M. François, libraire, indique la vente de 2,423 articles, en la salle Silvestre, le 18 janvier 1858 et jours suivants. Le Catalogue d'Estampes et d'Autographes, rédigé par M. Defer, marchand d'estampes, et par M. Charavay, libraire, contenait 352 articles d'Estampes et 101 d'Autographes. La vente était fixée aux 8, 9 et 10 février 1858.

Les diligences faites avant le jour des adjudications ont arrêté la vente de tous les articles revendiqués par la Bibliothèque Sainte-Genevieve et par la Bibliothèque impériale. Tous les articles du Catalogue d'autographes ont été réclamés, et la vente a manqué d'une manière complète.

A partir du 18 février 1858, il a été procédé successivement à dix saisies-revendications. Des demandes en validité ont été formées contre MM. Firmin Didot, Solar et Demichelis, aux domiciles desquels les saisies avaient été faites. MM. Firmin Didot et Solar ont mis en cause M. Demichelis. Ce dernier a appelé en garantie le fils et l'héritier de M. Chavin. Toutes ces demandes sont connexes; afin d'abréger les moments du Tribunal, il importe qu'elles soient jointes pour qu'il ne soit rendu qu'une seule et même décision.

Les Livres et Estampes qui ont été saisis portent tous en eux-mêmes la trace et la preuve de la propriété des deux établissements publics qui les ont fait saisir-revendiquer. La vue de chacun de ces livres et chaque estampe démontrera le bon droit des deux Bibliothèques.

Nous pourrions nous borner à cette seule explication; mais le droit des Bibliothèques a été mis en doute; des personnes étrangères l'ont contesté; il est indispensable que la lumière soit faite non pas seulement pour le Tribunal, mais encore pour tous. Nous allons par cette raison établir et discuter les droits de la Bibliothèque Sainte-Geneviève à la propriété des principaux objets réclamés, c'est-à-dire de l'Homère vendu à M. Firmin Didot et des 5 articles ci-dessus désignés parmi ceux acquis par M. Solar.

A l'égard de tous les autres Livres réclamés par la Bibliothèque Sainte-Geneviève, nous offrons de donner au Tribunal toutes les explications les plus complètes et les plus concluantes, avec pièces et documents en mains.

Lors des saisies-revendications, la preuve de la propriété a été fournie pour chaque article, et aucune objection ni opposition n'ont été faites par M. Solar et par M. Demichelis.

Les articles, pour lesquels il y a eu discussion n'ont

point été saisis. La Bibliothèque Sainte-Geneviève n'a pas voulu, dans cette affaire, qu'une seule de ses réclamations pût être sérieusement contestée. Disons toutefois, pour être vrai, qu'une difficulté a été soulevée par M. Pierre Deschamps, homme de lettres et bibliophile, au nom de M. Solar, lors de la saisie du *Breviarum Romanum* de 1478. — Le droit de propriété de la Bibliothèque était pour nous certain et prouvé, nous avons fait procéder à la saisie malgré la réclamation faite par M. Deschamps. Quelques jours après, M. Deschamps a reconnu le bien-fondé de la saisie, et a écrit a M. Pinson, bibliothécaire à Sainte-Geneviève, une lettre que nous reproduirons plus loin.

CHAPITRE V

DES TITRES DE PROPRIÉTÉ INVOQUÉS

PAR LA BIBLIOTHÈQUE SAINTE-GENEVIÈVE.

La Bibliothèque Sainte-Geneviève a pour titres et pour preuves de sa propriété :

1° Ses catalogues généraux et spéciaux ;

2° Les cartes qui ont servi à dresser les Catalogues;

3° Les lettres et numéros inscrits sur les livres et correspondant aux catalogues;

4° Les rondelles collées sur le dos des livres et portant les lettres et numéros du catalogue ;

5° Les mentions manuscrites d'*ex libris* mises dans les livres par les génovéfains et les estampilles de l'ancienne et de la nouvelle Bibliothèque de Sainte-Geneviève;

6° Les reliures particulières adoptées par les génovéfains et par l'administration de la Bibliothèque;

7° Les reliures des livres provenant du legs Le Tellier ;

8° Enfin l'étiquette du legs Le Tellier collée sur le côté intérieur de la reliure des livres de Le Tellier.

CATALOGUES.

La Bibliothèque Sainte-Geneviève possède sept grands catalogues généraux et usuels, indépendamment des catalogues spéciaux, qui forment douze volumes, et des anciens catalogues des Génovéfains antérieurs à 1754.

Le premier catalogue, commencé en 1754, forme neuf volumes in-folio; il est manuscrit et contient 8188 pages; il est relié en vélin blanc.

Il porte le titre suivant : *Catalogue de la Bibliothèque de l'abbaïe royale de Sainte-Geneviève de Paris. MDCCLIV*. Sur le titre on a dessiné les armes de l'abbaye, qui se composent d'un écusson avec trois fleurs de lis, surmonté de la crosse et de la mitre.

Sur la page 2 se trouve la mention ci-devant transcrite du procès-verbal de prise de possession par l'État, en date du 21 avril 1790.

La page 8188 et dernière contient cette même mention.

Le 2e, alphabétique, commencé en 1791, in-folio, est manuscrit; il forme 32 volumes reliés en demi-veau.

Le 3e est un exemplaire interfolié de la *Bibliotheca Telleriana*, avec numéros d'ordre et additions manuscrites.

Les numéros d'ordre correspondent à l'*Index* ci-après énoncé.

Le 4e est un manuscrit in-folio de 949 pages, portant le titre suivant : *Bibliothecæ Tellerianæ Index universalis alphabeticus. Anno* 1702.

Le 5e est un manuscrit in-folio de M. Daunou, relié en maroquin rouge, dont le dos est fleurdelisé.

Il a été donné à la Bibliothèque Sainte-Geneviève

par M. Taillandier, conseiller à la Cour de cassation, exécuteur testamentaire de M. Daunou.

Le 6e catalogue, capsenthétique par ordre de matières, inventorié en avril 1851 par M. Pinçon, bibliothécaire à Sainte-Geneviève.

Il se compose de 22 boîtes représentant les lettres de l'alphabet, et contenant toutes les cartes des livres de la bibliothèque.

Le 7e catalogue a été dressé par M. Daunou, en 2 petits volumes in-folio.

Il est manuscrit, et ne comprend que les livres du xve siècle, les livres rares et les estampes.

LES CARTES.

Elles contiennent la description sommaire des livres, et portent une lettre et un numéro correspondants aux catalogues.

Elles sont toutes réunies dans le catalogue capsenthétique.

LES LETTRES ET LES NUMÉROS.

La Bibliothèque a été divisée par ordre de matières, chaque lettre représente une matière.

Les livres portent la lettre de la matière à laquelle ils appartiennent et le numéro du catalogue.

Ces lettres et numéros sont inscrits sur le côté intérieur de la reliure ou sur les feuillets de garde.

LES RONDELLES.

Des étiquettes rondes, en papier blanc, portant une lettre et un numéro, sont collées à la partie inférieure du dos de chaque volume.

LES MENTIONS MANUSCRITES ET LES ESTAMPILLES.

Les Génovéfains inscrivaient sur le titre du livre la mention suivante : *Ex libris sanctæ Genovefæ Parisiensis*, avec l'année.

A la page **39**, **40** ou **41**, ils mettaient cette autre mention manuscrite : *Santæ Genovefæ Parisiensis.*

Plus tard, ils eurent une estampille aux armes de l'abbaye, c'est-à-dire avec un écusson portant trois fleurs de lis, surmonté de la crosse et de la mitre.

La Bibliothèque de Sainte-Geneviève, devenue propriété de l'État, eut successivement diverses estampilles.

Sous le premier Empire, elle était grande, ovale, ornée de l'aigle, et portait : *Bibliothèque impériale du Panthéon.*

De 1815 à 1830, l'estampille était ronde, petite, avec trois fleurs de lis, et portait l'inscription de *Bibliothèque Sainte-Geneviève.*

Après 1830, on se servit de la même estampille, dont on avait effacé les fleurs de lis. Plusieurs années après, on fit graver les lettres S. G. entrelacées à la place où avaient été les fleurs de lis.

Il y avait alors deux estampilles, l'une au timbre humide, l'autre au timbre sec.

Aujourd'hui, l'estampille est ronde, avec l'aigle impériale.

LA RELIURE.

Les Génovéfains fesaient placer sur le dos de leurs livres soit les armes de l'abbaye, soit les lettres S. G. entrelacées.

Souvent aussi les armes et les S. G. entrelacés se rencontrent sur la même reliure.

Toutes les reliures modernes portent sur le dos les lettres S. G. entrelacées. et sur les plats un grand écusson ovale, avec la légende : *Bibliothèque Sainte-Geneviève.*

Nous avons dit précédemment qu'un grand nombre des livres légués à la Bibliothèque par l'archevêque Le Tellier étaient reliés en maroquin rouge et aux armes de l'archevêque.

Jamais les livres de Charles-Maurice Le Tellier n'ont été dans le commerce; ils ne sont jamais sortis des mains des Génovéfains et de l'État; par suite, il ne peut y avoir régulièrement et légitimement dans une bibliothèque particulière aucun livre portant les armes de Charles-Maurice Le Tellier, archevêque de Reims.

C'est un livre égaré ou volé, dont la propriété n'a jamais cessé d'appartenir à la Bibliothèque Sainte-Geneviève ; tôt ou tard, il sera restitué volontairement ou saisi-revendiqué.

Nous avons précédemment fait connaître la teneur de l'étiquette du legs Le Tellier, collée sur chaque volume légué.

C'est au moyen de ces diverses preuves que la Bibliothèque Sainte-Geneviève établira la propriété des livres qu'elle revendique.

CHAPITRE VI

PREUVES DE LA PROPRIÉTÉ DES LIVRES

REVENDIQUÉS PAR LA BIBLIOTHÈQUE SAINTE-GENEVIÈVE.

Homère, Baronius, saint Augustin, le Bréviaire romain et le Catalogue Le Tellier.

Homère.

L'*Homère* saisi chez M. Didot a appartenu au pape Pie VI; il faisait partie de sa bibliothèque, qui avait été confisquée par la République française. M. Daunou, alors qu'il était à Rome, ainsi que nous l'avons dit précédemment, avait été autorisé par le Directoire à faire un choix de livres pour la Bibliothèque du Panthéon (aujourd'hui Sainte-Geneviève), et les livres par lui choisis ont été envoyés de Rome à Paris et remis à la Bibliothèque du Panthéon. Au nombre de ces livres se trouvait le précieux exemplaire d'Homère, objet du procès actuel.

M. Van Praët, dans son *Catalogue des ouvrages sur vélin* (Belles-Lettres, page 53), *qui se trouvent dans les bibliothèques tant publiques que particulières*, fait connaître l'existence de cet exemplaire à la Bibliothèque Saint-Geneviève; il est en vélin d'agneau mort-né; il provient, dit il, de la bibliothèque particulière du pape Pie VI.

L'exemplaire trouvé chez M. Firmin Didot porte une estampille de la Bibliothèque Salviati.

Thomas-Frognall Dibdin, bibliographe anglais, mort en 1847, fit en 1820 un voyage sur le continent, dans le but de connaître les richesses bibliographiques que renfermaient les grands depôts publics. Il traversa la Normandie, vint à Paris et se rendit ensuite à Strasbourg, Munich, et Vienne. Il visita partout les bibliothèques, les libraires et les typographes, prit note de tout ce qu'il voyait de remarquable, et à son retour à Londres il publia un ouvrage en 3 vol. in-8°, intitulé : *Bibliographical antiquary, and pictoresque Tour in France and Germany* [1].

MM. Licquet et Crapelet traduisirent en 1825 la partie de l'ouvrage de Dibdin relative à son voyage en France [2].

Dibdin a visité la Bibliothèque Sainte-Geneviève, lors de son voyage. Il a vu l'Homère dont elle était alors en possession : il le décrit, il le compare à celui qui appartient à la Bibliothèque impériale, et constate que cet Homère avait fait partie de la Bibliothèque Salviati.

Voici au surplus dans quels termes s'exprimaient les traducteurs (tome IV, page 15. lettre XXIXe) :

« Homeri Opera *græcè, imprimé par Alde, sans date*
« (imprimé à Venise en 1504), 2 volumes in-8, pre-

[1] 1824, Debure, 3 vol.

[2] *Voyage bibliographique en France*, par Dibdin. 1825, Crapelet, 4 vol. in-8.

« mière édition d'Alde. Cet exemplaire ne le cède « peut-être qu'à celui de la Bibliothèque royale. Ces « volumes sont de deux reliures différentes; mais des « deux volumes, celui qui contient l'*Iliade* gagne en « hauteur ce qu'il perd en largeur, à peu près deux « tiers de ligne. Mesure bien minutieuse, allez-vous « dire; mais quand il s'agit de *vélins d'Alde*, la plus « petite fraction compte. Le volume a six pouces une « ligne et demie de hauteur (mesures anglaises), juste « une ligne et demie de moins que l'exemplaire de la « Bibliothèque royale ; mais je n'assurerais pas que « le volume de l'*Odyssée* n'eût cette ligne et demie de « plus en largeur. Le vélin est également fin, blanc « et bien conservé, et peut-être, à tout prendre, « l'exemplaire n'est-il que très-peu inférieur à celui « de la Bibliothèque royale. L'*Odyssée* est relié en « maroquin rouge ancien, doré sur tranches. Cet « exemplaire a été acheté à la vente de la *Bibliothèque* « *Salviati*. »

Indépendamment de tous ces documents si nets et si concluants, la Bibliothèque Sainte-Geneviève possède une carte qui paraît être de la main de M. Daunou. Elle porte la lettre Œ et le n° 373, in-8. L'exemplaire est ainsi désigné : *Homerius*, *græce*, *Venetiis*, *Aldus* (1504), sur vélin, 2 volumes.

Dans le catalogue dressé par M. Daunou des livres rares de la Bibliothèque Sainte-Geneviève, et dont nous avons précédemment parlé, on trouve la mention suivante, page 262 :

« Homeri Ilias (1 volume) et Odyssæ (1 volume). « Venetiis, Aldus, Pius Manutius (1504). 2 volumes « in-8, Œ. 373. »

L'exemplaire trouvé chez M. Firmin Didot est en

2 volumes, imprimés sur vélin d'une finesse et d'une blancheur remarquables. Il est de la première édition des Aldes (1504). La reliure est une ancienne reliure italienne en maroquin rouge, offrant des différences entre chaque volume.

Il porte l'estampille de la Bibliothèque Salviati.

Il a été vendu à M. Didot par M. Demichelis, qui, dans un acte judiciaire, a déclaré le tenir de la succession Chavin.

L'exemplaire ne porte pas, il est vrai, l'estampille de la Bibliothèque, mais cette omission n'est pas une preuve de non-propriété. Une estampille n'embellit pas un livre, et il est facile de comprendre que M. Daunou et ses successeurs à la Bibliothèque Sainte-Geneviève n'aient pas voulu frapper leur précieux Homère d'un signe qu'ils considéraient comme étant sans utilité. Les livres très-rares sont placés dans des armoires fermant à clef et ne sont pas communiqués au public.

Un livre comme l'Homère de 1504 est assez rare et précieux pour que l'on puisse remonter à son origine. La Bibliothèque Sainte-Geneviève établit l'origine de sa propriété, et elle met au défi M. Firmin Didot et M. Chavin fils de faire connaître par quel moyen honnête et légitime ce livre a pu se trouver régulièrement dans le patrimoine de l'abbé Chavin.

Baronius, saint Augustin, le Bréviaire romain et le Catalogue Le Tellier.

Tous ces ouvrages ont été saisis-revendiqués chez M. Solar. Ils font partie des livres légués à la Bibliothèque Sainte-Geneviève par Charles-Maurice Le Tellier, archevêque de Reims.

Ils sont inscrits sur les catalogues de la Bibliothèque Sainte-Geneviève, et se trouvent mentionnés dans la *Bibliotheca Telleriana.*

L'exemplaire de la *Bibliotheca Telleriana* est aux armes de l'archevêque de Reims.

M. l'administrateur de la Bibliothèque Sainte-Geneviève connaissait depuis longtemps la disparition des 22 volumes des *Annales* de Baronius. Des recherches avaient été faites il y a quelques années pour les retrouver et les faire rentrer à Sainte-Geneviève. Quelques personnes prétendaient que cet ouvrage se trouvait en Italie et assuraient qu'il avait été vu à Civita-Vecchia. M. l'administrateur écrivit à M. l'ambassadeur de France à Rome, et le pria d'ordonner les démarches nécessaires pour obtenir la restitution. Des ordres furent transmis au consul de France à Civita-Vecchia dans ce but. Toutes les peines furent inutiles, l'ouvrage n'avait pas quitté la France; il ornait alors la bibliothèque de M. Chavin. Ce fut seulement après le décès de M. Chavin, et grâce à de nombreuses démarches, que l'on obtint des renseignements exacts qui permirent de retrouver ce précieux livre.

S. E. le cardinal Mathieu, archevêque de Besançon, vint, il y a plusieurs années, visiter la Bibliothèque Sainte-Geneviève. Il demanda à M. l'administrateur de lui prêter le *Breviarium Romanum,* dont il avait besoin pour des études sur la liturgie romaine. M. l'administrateur chargea un des employés d'aller chercher ce précieux livre dans l'armoire fermant à clef placé dans la galerie des livres rares. L'employé s'empressa d'exécuter l'ordre qui lui avait été donné; il rapporta un volume, qu'il donna à M. l'administrateur, comme étant le *Breviarium Romanum* demandé. Le livre fut ouvert, et grande fut la surprise de Son Eminence et de M. l'administrateur; ils crurent d'abord à une erreur de l'employé : des recherches furent faites, le *Breviarium Romanum* ne fut pas trouvé, et monseigneur Mathieu ne put obtenir la communication du livre qui lui était nécessaire. C'était une perte sensible pour la Bibliothèque Sainte-Geneviève. L'exemplaire est, dit-on, unique à Paris; il est magnifiquement imprimé sur peau vélin, et, ce qui ajoute à sa valeur, *il a appartenu à saint Charles Borromée, dont il porte la signature.*

C'est, on le voit, un livre précieux à bien des titres.

Les cinq ouvrages mentionnés plus haut avaient l'étiquette du legs Le Tellier [1]; ils portaient les lettres et les numéros des divers catalogues de la Bibliothèque; sur le titre, et, à la page 39 ou 41, les Génovéfains avaient écrit leur mention : *Ex libris Sanctæ-Genovefæ Parisiensis.*

Tous les volumes ont été mutilés et lacérés; quelques-uns n'ont même plus de titres. Les pages 39 ou 41, sur lesquelles existait la mention de l'*Ex-libris*, ont été coupées dans le bas de la marge inférieure. Les numéros, les lettres et étiquettes Le Tellier ont été grattés; des feuilles de gardes ont été arrachées. En un mot, tout ce qui est extérieurement constituant la propriété de la Bibliothèque Sainte-Geneviève a disparu au moyen d'odieuses lacérations et mutilations.

La Bibliothèque, indépendamment de ces faits extérieurs, apporte des preuves de sa propriété par ses catalogues et par ses cartes.

Comme complément de preuve, nous reproduisons

[1] Voir ci-dessus, page 17.

in parte une lettre écrite au nom de M. Solar par M. Pierre Deschamps[1] à M. Pinson, bibliothécaire de Sainte-Geneviève, le 3 mars 1858, quatorze jours après la saisie-revendication :

« Monsieur... Je vous abandonne purement et simplement le *Bréviaire* de saint Charles Borromée ; « j'ajouterai (toujours entre nous) que ce qui me dé- « cide à cette magnanime résolution, c'est, hélas ! « qu'après de longues recherches, j'ai acquis la mal- « heureuse preuve irréfragable que mes prétentions « n'étaient pas fondées, et que deux lignes maudites « me condamnaient aussi irrévocablement que la note « de Dibdin l'Homère de Salviati.

« Que votre cœur de bibliophile et de conservateur « nage donc dans la joie ! *votre beau livre sur vélin,* « *votre Saint Augustin, votre Polyglotte de Cisneros,* « *vos Annales ecclésiastiques*, *vous seront rendus,* « *hélas ! dans un triste état* ; mais enfin, tout cela re- « paraîtra glorieusement sur vos rayons dépouillés « de leur antique splendeur, et la Bibliothèque de « l'illustre abbaye recouvrera bientôt son ancien « lustre sous votre administration aussi intelligente « que ferme.

« Adieu, monsieur, recevez-en mes bien sincères « compliments, et plaignez un peu cependant votre « confrère en bibliographie cruellement désappointé, « croyez-le bien.

« Signé : Pierre DESCHAMPS. »

[1] M. Pierre Deschamps avait acheté ces livres pour le compte de M. Solar. Il en a fait la représentation lors de la saisie-revendication, et a été constitué gardien judiciaire des livres saisis, aux termes du procès-verbal de l'huissier.

Nous avons tout lieu de croire après ces explications que la lumière est faite pour tout le monde.

Le droit de propriété de la Bibliothèque Sainte-Geneviève nous paraît établi d'une manière complète pour ces quelques précieux ouvrages.

Pour tous les autres qui ont été saisis, nous ferons, mais oralement seulement, la même preuve complète et incontestable.

CHAPITRE VII

BIBLIOTHÈQUE IMPÉRIALE.

La Bibliothèque impériale, par le rang de la procédure et par la découverte des vols de M. Chavin, n'occupe chronologiquement que le second rang. Cependant l'importance des vols dont elle se plaint est considérable, et ses trois départements ont éprouvé de grandes pertes.

Nous ne donnerons pas, comme nous l'avons fait pour Sainte-Geneviève, l'exposé de quelques détails historiques sur la Bibliothèque impériale, nous rapporterions des faits qui sont connus de tout le monde. Dernièrement *le Moniteur universel* a publié sur l'histoire de la Bibliothèque impériale d'intéressants articles de M. L.-Ch. Livet. Ces articles sont encore présents à la mémoire, et nous aurions mauvaise grâce à les analyser ici et à en amoindrir par suite l'effet et la portée.

Nous aurons cependant, préalablement à la discussion des preuves de la propriété de la Bibliothèque impériale, à exposer certains faits dont la connaissance est nécessaire pour l'intelligence de cette discussion.

Nous diviserons cet exposé en trois parties se rapportant à chacun des trois départements de la Bibliothèque impériale : les Imprimés, les Estampes et les Manuscrits.

§ Ier. — *Les Imprimés.*

M. l'administrateur général a adressé à S. Ex. M. le ministre de l'instruction publique la note suivante sur le rapport fait par M. Mérimée, au nom de la Commission de réorganisation de la Bibliothèque impériale.

Cette note est une pièce importante et décisive du procès. Elle doit donc passer en entier sous les yeux du Tribunal [1].

« Dans le rapport si remarquable de la Commission « de la Bibliothèque impériale, rapport dont les con- « clusions principales viennent d'être réalisées par le « décret du 14 de ce mois et dont plusieurs autres ne « peuvent manquer d'être adoptées par S. Ex. M. le « ministre de l'instruction publique et des cultes, dans « les règlements qu'il prépare, il s'est produit quel- « ques confusions sans gravité et une erreur qui de- « mande seule à être relevée.

« Tout le monde, dit le rapport, a vu des livres pro- « venant de la Bibliothèque impériale dans des col- « lections étrangères, chez des amateurs ou chez des « libraires. Il y a quelques années, il n'y avait guère « de vente publique où il n'en parût, et en grand « nombre. On en rencontrait jusque sur les étalages

[1] Cette note a été publiée dans le *Moniteur universel* du 22 juillet 1858.

« des quais. A une époque déjà éloignée, il paraît « que la Bibliothèque a vendu une certaine quantité « de doubles, et *peut-être* sans toutes les précautions « nécessaires pour marquer que la vente avait lieu par « suite d'une mesure administrative. Bien que pro- « bablement le nombre des livres volés soit beaucoup « plus considérable que celui des livres vendus régu- « lièrement, il est souvent très-difficile de distinguer « aujourd'hui ce qui a été acheté de bonne foi de ce « qui a été dérobé. Pour éviter les soustractions à « l'avenir, et pour faciliter les recherches, la Commis- « sion croit qu'il serait utile, en levant la carte d'un « livre, de le frapper d'une estampille indiquant l'an- « née où il a été classé. Ainsi il deviendra impossible « d'acheter, comme un livre anciennement vendu par « la Bibliothèque, un volume portant l'estampille de « 1858.

« Il est regrettable que la Commission n'ait fait « porter aucune partie de son enquête sur la manière « dont se font et se sont faits les échanges et les ventes « de livres doubles de la Bibliothèque, et qu'elle ait « admis sans preuve que ces opérations avaient pu « avoir lieu sans qu'on eût pris toutes les précau- « tions nécessaires. Il lui aurait été facile de s'assurer « que cette assertion, assez souvent reproduite, mais « tout autant de fois réfutée, était dénuée de tout fon- « dement.

« La Bibliothèque n'a jamais échangé ni vendu que « des livres constatés doubles. Elle était autrefois « dans l'usage de vendre mensuellement le double « exemplaire qu'elle tenait de la chambre syndicale ; « mais cet exemplaire, qui ne portait pas l'estampille « de la Bibliothèque et ne conservait aucun signe de

« son origine, n'a jamais pu être une cause de con- « fusion. »

« En 1734, il s'est fait une vente publique de « 18,000 volumes doubles dont il existe un catalogue « imprimé, et d'environ 6,000 autres volumes en « dehors de ce catalogue ; mais tous ces volumes ont « été frappés d'un timbre portant ces mots : *Double* « *vendu.* La Bibliothèque peut montrer quelques ou- « vrages frappés de cette estampille, et dont cer- « taines circonstances lui ont rendu la possession. Il « y avait, de plus, pour les échanges un double timbre « portant les mots : *Double changé*, dont la Biblio- « thèque possède deux modèles. Plus récemment, le « savant M. Van Praët, quand il dirigeait le départe- « ment des Livres imprimés, a fait quelques échanges « au moyen de doubles provenant presque tous des « bibliothèques étrangères ou d'établissements sup- « primés, et ne portant presque jamais l'estampille « nationale. Lorsqu'ils l'avaient reçue, il écrivait de sa « main sur le frontispice, ou en regard au verso du « faux titre de l'ouvrage cédé : « *Double échangé de L* « (ou de toute autre lettre indicative de la matière), « n° ... » Voilà pour le passé.

« Quant au présent, depuis 1833, tous les ouvrages « échangés ont été frappés du timbre d'échange, et « depuis 1847, on a eu la précaution d'y ajouter un « numéro d'ordre. Ce numéro est soigneusement ré- « pété sur un registre *ad hoc*, où l'on inscrit la date « de l'échange, le nom de la personne avec laquelle « il a eu lieu, le titre de l'ouvrage sorti et celui de « l'ouvrage entrant. On ne peut rien concevoir de « plus régulier.

« Si donc il y a eu et s'il y a encore dans les col-

« lections étrangères, dans des bibliothèques de par-
« ticuliers, chez des libraires ou des étalagistes, des
« volumes ayant l'estampille de la Bibliothèque, sans
« porter à côté de l'ancien timbre : *Double changé* ou
« *Double vendu*, ni la mention de M. Van Praët que
« nous avons énoncée, ni le timbre actuel que nous
« venons de décrire, c'est que ces volumes n'ont pas
« cessé, en droit, de faire partie du domaine de l'État,
« et nous les revendiquerons, en son nom, partout où
« nous pourrons les atteindre. Ces volumes, qui peu-
« vent avoir été acquis par des personnes de bonne
« foi, l'erreur de la Commission le prouve bien, n'en
« sont pas moins ou des livres détournés primitive-
« ment de la Bibliothèque, ou des livres confiés par
« elle au dehors à des emprunteurs, au décès desquels
« ils auront été vendus, avec leurs collections privées,
« par les héritiers négligents.

« Nous avons cru cette déclaration indispensable
« pour rassurer complétement la Commission, pour
« rétablir la vérité des faits, pour éclairer les libraires
« qui font les catalogues de ventes, les experts qui
« mettent sur table, les commissaires-priseurs qui
« prononcent les enchères, et pour sauvegarder enfin
« les collections du riche dépôt dont l'Empereur a
« bien voulu nous confier la direction. »

Comme complément de cette note, nous reproduisons : 1° l'article 1er du décret du 31 août 1794, ainsi conçu :

« Les bibliothèques appartenant à la nation sont recommandées à la surveillance de tous les bons citoyens; ils sont invités à dénoncer aux autorités constituées les provocateurs et les auteurs de dilapidations et dégradations. »

2° Et l'article 9 de l'ordonnance royale des 22 février et 23 mars 1839 :

« L'administrateur général ne consent d'échanges, soit avec les particuliers, soit avec les établissements publics, qu'avec l'autorisation préalable de notre ministre de l'Instruction publique. »

Ainsi donc, pour pouvoir invoquer un échange, il faut justifier d'une autorisation ministérielle ; sinon l'échange serait nul, et le livre continuerait d'appartenir à l'État.

Nous ferons encore connaître ce fait que plusieurs libraires de Paris se font un devoir de rapporter à la Bibliothèque impériale les ouvrages appartenant à cette bibliothèque qu'ils trouvent dans les bibliothèques particulières dont ils sont chargés de faire l'inventaire et l'estimation. Le droit de propriété de la Bibliothèque est pour eux incontestable, et leur conduite en est la consécration.

§ II. — *Les Estampes.*

Le département des Estampes s'est enrichi à diverses époques de précieuses collections particulières, notamment : 1° de celle commencée par Michel *Bégon*, né à Blois en 1638, mort à Rochefort le 4 mars 1710, et continuée par son fils et son petit-fils ; 2° de celle de Nicolas *Clément*, né à Toul en 1651, et décédé à Paris le 16 juin 1716.

Michel Bégon, après avoir exercé les premières charges de la magistrature à Blois, sa ville natale, entra dans l'administration de la marine par la protection du marquis de Seignelay, son parent. Il fut intendant des colonies françaises de l'Amérique, gouverneur du Canada et intendant des galères de Rochefort et de la Rochelle. Il prouva dans ces diverses fonctions de remarquables talents, et y sut faire admirer sa probité.

Protecteur des savants, il mettait à leur disposition sa bibliothèque. Il avait formé un riche cabinet de médailles, d'antiques, d'estampes, de coquillages et de plantes rares. Il avait fait graver les portraits des personnages illustres du XVIIe siècle, et recueillir des matériaux pour la publication de leurs vies. Ces matériaux servirent à Perrault pour son ouvrage sur les hommes illustres de la France.

Son fils, et son petit-fils Michel VI, intendant de Dunkerque, continuèrent d'enrichir la collection de leur père et aïeul. Le 23 avril 1770, le petit-fils Michel VI les vendit au roi Louis XV. Cette collection avait été estimée 16,814 livres 10 sous. Le prix de la vente fut converti en une pension de 2,000 livres.

Nicolas Clément quitta fort jeune Toul, sa ville natale, et vint se fixer à Paris. Il fut d'abord employé comme copiste par Carcavi, bibliothécaire de Colbert, et nommé ensuite commis d'ordre à la Bibliothèque du Roi. Devenu bibliothécaire en second en 1692, il travailla sans relâche à rédiger le catalogue de tous les livres. Il avait formé une collection de 18,000 estampes, qu'il légua à la Bibliothèque du Roi.

Clément est auteur de divers ouvrages, et notamment de la *Bibliotheca Telleriana*.

§ III. — *Les Manuscrits.*

La Bibliothèque impériale s'est enrichie de tous les manuscrits de la congrégation de Saint-Maur qui existaient à l'abbaye de Saint-Germain-des-Prés, à Paris.

Tous ces manuscrits composent ce que dans le monde on appelle *le Résidu de Saint-Germain.* Il comprend 1,470 volumes, renfermant : 1° les matériaux qui ont servi et devaient servir à la composition des collections bénédictines ; 2° les documents relatifs à l'administration de la congrégation de Saint-Maur en général et de l'abbaye de Saint-Germain-des-Prés ; 3° enfin toute la correspondance des bénédictins, c'est-à-dire toutes les lettres par eux écrites et à eux adressées.

Dans la séance de l'Assemblée nationale du 12 février 1790, l'abbé Grégoire [1], lors de la discussion relative à la suppression des congrégations religieuses, avait demandé que tous les établissements religieux ne fussent pas entièrement supprimés. Il considérait cette mesure comme une politique dangereuse. « Relative-
« ment aux sciences, disait il, en voyant ce qu'ils (les
« religieux) ont été, on verra ce qu'ils peuvent être :
« les abbayes de Saint-Germain-des-Prés et de Sainte-
« Geneviève rendent chaque jour aux lettres des ser-
« vices importants; elles sont remplies de savants
« distingués, on y continue la *Gallia Christiana* [2].. »

L'abbé Grégoire n'avait pas été heureux dans sa défense de l'abbaye de Sainte-Geneviève. Nous avons précédemment rendu compte de la suppression de

[1] Grégoire (Henri), né le 4 décembre 1750, mort à Paris le 18 avril 1831. Curé d'Embremesnil, député du clergé lorrain aux Etats généraux en 1789, évêque constitutionnel de Blois, député à la Convention, membre du conseil des Cinq-Cents, président du Corps législatif, sénateur, persécuté sous la Restauration, éliminé de l'Institut, député de l'Isère, exclu comme indigne de la Chambre des députés.

[2] Réimpression de l'ancien *Moniteur*. 1847, Paris, Plon frères, tome III, page 355.

cette abbaye, et nous avons fait connaître la prise de possession par l'État de la Bibliothèque de Sainte Geneviève, le 21 avril 1790 [1].

Il fut également malheureux pour l'abbaye de Saint-Germain des-Prés. La savante congrégation de Saint-Maur fut comprise dans tous les ordres religieux supprimés par l'Assemblée nationale, dans sa séance du 13 février 1790.

L'État, en exécution des décrets des 19 et 20 mars 1790, que nous avons fait connaître dans le chapitre relatif à l'abbaye de Sainte-Geneviève, prit possession des immenses et précieuses collections de la congrégation de Saint-Maur. Ces richesses restèrent provisoirement à l'abbaye de Saint-Germain-des-Prés, placées sous la garde de dom Poirier, le dernier bibliothécaire de la congrégation.

Dom Poirier, qui a laissé dans le monde savant la réputation d'un bibliographe érudit, conserva précieusement les livres et manuscrits qui lui avaient été confiés. La Convention nationale lui accorda, dans sa séance du 14 nivose an III (3 janvier 1795), une somme de 2,000 livres à titre de récompense [2].

Le Résidu de Saint-Germain, divisé en 168 paquets, fut transporté de l'abbaye de Saint-Germain-des-Prés à la Bibliothèque nationale, les 7 et 24 ventôse an IV. Dom Poirier présida lui-même à ce transport.

Lalande, employé au département des Manuscrits, dressa, en l'année 1808, l'inventaire du Résidu de Saint-Germain.

Bien qu'il ne fût entré à la Bibliothèque nationale

[1] Voir ci dessus, page 10.
[2] Réimpression du *Moniteur*, tome XXIII, page 130.

qu'en ventôse an IV, le Résidu de Saint-Germain n'en a pas moins été propriété du domaine de l'État à partir du 13 février 1790, jour où les congrégations religieuses ont été supprimées et où leurs biens ont cessé d'être une propriété particulière.

Il n'est pas inutile de faire connaître ici la disposition additionnelle du décret du 14 fructidor an II, bien que dans l'espèce elle ne puisse trouver son application. Mais elle est une réponse décisive à de nombreuses objections qui sont faites chaque jour par des amateurs d'autographes, désireux de conserver des pièces appartenant à la Bibliothèque impériale.

« Tout individu qui a en sa possession des manu-
« scrits, titres, chartes, papiers, médailles, antiquités
« provenant des anciennes maisons ci-devant natio-
« nales, sera tenu de les remettre au directeur du dis-
« trict de son domicile, à compter de la promulgation
« du présent décret, sous peine d'être puni et traité
« comme suspect. »

L'on voit par cette disposition additionnelle que jamais le législateur n'a entendu absoudre les faits accomplis pendant les troubles des premiers temps de la République, et qui avaient eu pour but d'enlever à l'État la propriété d'un livre, manuscrit ou objet d'art.

Les Bibliothèques de l'État ont été à cette époque l'objet de la sollicitude du législateur, et toutes les mesures ont été prises pour assurer la conservation des collections et la restitution des objets détournés.

CHAPITRE VIII

PREUVES DE LA PROPRIÉTÉ DE LA BIBLIOTHÈQUE IMPÉRIALE.

Livres, Estampes et Manuscrits.

Livres.

La Bibliothèque impériale a les mêmes titres et moyens de preuve que la Bibliothèque Sainte-Geneviève : Catalogues, cartes et bulletins, lettres et numéros d'ordre, reliure et rondelles.

La reliure des livres de la Bibliothèque du Roi a a toujours été particulière à cet établissement et unique en son genre. Elle est généralement en maroquin rouge. Les fers sont spéciaux, ainsi que les armes royales appliquées sur le plat des volumes. La tranche est jaspée rouge. On ne trouve une tranche semblable que dans les livres de la Bibliothèque de Colbert, lesquels étaient reliés par le relieur du Roi.

Les douze ouvrages saisis-revendiqués par la Bibliothèque impériale ont tous l'ancienne reliure de la Bibliothèque du Roi. Ils sont aux armes de Louis XIII.

Louis XIV et Louis XV. Les estampilles ont été enlevées. La plupart des titres ont été refaits; quelques-uns ont été arrachés. Les feuillets de garde ont été déchirés, les lettres et numéros ont par suite disparu; enfin, les rondelles ont été décollées.

Nous ne nous occuperons que de deux ouvrages seulement :

1° *De l'Enfance de Jésus et de sa Famille honorée en la vie de sainte Marguerite du Saint-Sacrement, religieuse carmélite du monastère de Beaune*, par J. Auvray. Paris, Imprimerie royale, 1654; grand in-8, figures;

2° *Méditations pour les novices et les jeunes profès et pour toutes sortes de personnes qui sont encore dans la vie purgative*, par dom Simon Bougis. Paris, Billaine, in-4.

Le premier de ces livres est en maroquin rouge avec les armes de France et les L entrelacés sur le dos (reliure identique à celles de la Bibliothèque royale). La tranche est jaspée rouge. Un feuillet de garde a été enlevé, ainsi que le titre. La lettre et le numéro existant sur le plat intérieur de la reliure ont été grattés. Sur le frontispice gravé de ce livre, on a effacé à l'encre la lettre D et le n° 1979. Cependant il est très-facile de voir encore sous le bâtonnement la lettre D et le n° 1979.

Si on se reporte au catalogue rédigé par Nicolas Clément, et dont il a été parlé précédemment [1], on trouve à la lettre D, n° 1979, la désignation textuelle et complète du livre.

Le bulletin, de la main de Nicolas Clément, en re-

[1] Voir page 51

produit encore la désignation, et indique en outre que ce livre a depuis été reporté à la lettre H d'un nouveau catalogue, n° 2728.

M. Richard, employé au département des Imprimés, l'a noté comme manquant sur un petit registre spécial.

L'estampille placée au dos du frontispice a été lavée et mal grattée; on aperçoit seulement la forme ovale et la trace de l'encre rouge. Sur la page A III, on trouve encore la forme ovale de l'estampille.

La rondelle a été décollée.

Le second livre a la reliure en maroquin rouge, les armes et les L entrelacés des livres de la Bibliothèque du roi.

Toutes les estampilles ont été coupées sur le titre, au commencement et à la fin du volume. Les trous ont été rebouchées par des pièces très-habilement récollées; *mais on a oublié de faire disparaître à la page* 101 *l'estampille qui y est souvent placée.*

Les lettres et les numéros ont été grattés et la rondelle décollée. Il a été inutile de faire des recherches sur les catalogues et dans les cartes et bulletins, puisque l'estampille existe encore à la page 101.

Pour les onze autres volumes, il sera fourni oralement des explications aussi nettes et aussi concluantes.

Estampes.

Les estampes sont toutes revêtues de l'estampille de la Bibliothèque impériale. Cette estampille est placée à la partie inférieure de l'estampe, au milieu et dans la bordure de la gravure, afin qu'en enlevant les marges on ne puisse faire disparaître l'estampille.

Cette estampille est très-petite et de forme ovale.

Les 96 estampes saisies portaient toutes sans exception l'estampille de la Bibliothèque. Elle a été grattée quelquefois avec habilité, et pour dissimuler le grattage, on a recouvert la place grattée de l'estampille par une étiquette ronde en papier blanc bordée de bleu sur laquelle existent souvent les lettres E. C. et un numéro. E. C. veut dire Émile Chavin.

Indépendamment de l'estampille, les collections particulières formant un *fonds* spécial ont une marque qui sert à les distinguer ; ainsi les estampes du fonds Clément portent toutes les lettres C. L.

Celles du fonds Bégon, les lettres B. G.

Un certain nombre d'estampes saisies-revendiquées portent ces marques distinctives.

Ainsi proviennent du fonds Clément :

1° Le portrait de *Claude-François Menestrier*, de la Société de Jésus, gravé par Trouvain, 1688, d'après Simon;

2° Le portrait du glorieux saint *Raymond-Nonat;*

3° Le portrait de *Ondedeus*, gravé par *Michel Lasne;*

4° Le portrait de Victor *Le Bouthellier* , gravé par *Robert Nanteuil.*

Du fonds Bégon :

1° Le portrait de *Guillaume Louis*, comte de Nassau, gravé par *Hondius;*

2° Et le portrait de *Guillaume Du Vair*, gravé par *Drevet.*

La question de propriété pour les estampes ne peut être douteuse. Il suffira de voir les estampes saisies pour être convaincu qu'elles ont été toutes volées à la Bibliothèque impériale.

Manuscrits.

La Bibliothèque impériale revendique 514 pièces provenant du fonds de Saint-Germain-des-Prés.

M. Léopold Delisle, membre de l'Académie des inscriptions et belles-lettres, a fait sur les autographes saisis un remarquable travail, où il démontre le droit de la Bibliothèque impériale pour chacun des articles saisis. Nous ne pouvons le donner *in extenso.* Nous nous bornerons seulement à quelques extraits, particulièrement en ce qui concerne Mabillon et d'Achery.

Dans les 514 pièces saisies, la Bibliothèque impériale revendique : 1° 123 lettres et 4 manuscrits de *Mabillon;* 2° 144 lettres adressées à *Mabillon;* 3° enfin 43 lettres de la correspondance de d'Achery.

Nous laissons parler M. Léopold Delisle :

« M. Chavin de Malan compulsa, au plus tard en 1843, les correspondances du Résidu Saint-Germain. Elles n'étaient alors ni estampillées ni reliées ; mais la communication n'en était pas refusée aux lecteurs qui en faisaient la demande. M. Chavin reconnaît lui-même qu'on a mis ces précieux documents à sa disposition. Dans la préface de son *Histoire de Mabillon,* publiée en 1843, nous lisons ces mots : « J'avais à ma « disposition des trésors inconnus; je les ai exploités; « tous les cartons du Résidu de Saint-Germain, con- « servés à la Bibliothèque royale, ont été dépouillés « par moi [1].» M. Chavin ne disait que trop vrai. *Il a dépouillé les cartons du Résidu de Saint-Germain.* C'est là qu'il a pris les 514 pièces qui ont été trouvées dans

[1] *Histoire de dom Mabillon et de la congrégation de Saint-Maur.* 1843, Paris, page 6.

sa succession, et que M. l'administrateur de la Bibliothèque impériale a fait saisir-revendiquer.

. . . .

« Les correspondances du Résidu de Saint-Germain se divisent en plusieurs séries, dont la huitième comprend la *Correspondance de Mabillon* (volumes 1227 à 1237 du Résidu).

« Les volumes 1227-1237 contiennent les Lettres écrites à Mabillon. Le volume 1228 se compose des Lettres écrites par Mabillon ; on y a réuni : 1° des Minutes autographes ; 2° des Lettres originales trouvées dans les papiers de quelques bénédictins de Saint-Germain-des-Prés (d'Achery, Germain, Martène, Martin, Porcheron, Ruinart) ; 3° des Lettres originales adressées aux procureurs de la congrégation à Rome (Estiennot, La Parre) ; 4° des Lettres originales écrites à différentes personnes, qui renvoyèrent ces lettres à Saint-Germain-des-Prés après la mort de Mabillon (Benoît Bonnefons, religieux à Saint-Georges près Rouen ; Christophe Daubin, religieux à Fécamp, puis à Saint-Wandrille et à Saint-Martin de Séez ; Jacques Du Chemin, prieur de Vitré, puis de Saint-Serge d'Angers ; Godinot, procureur à Chelles ; madame Germain, religieuse à l'Hôtel-Dieu, à Péronne ; M. Marquette, conseiller au présidial, à Laon) ; 5° des copies de lettres écrites à des personnes qui voulurent conserver les originaux, mais qui en envoyèrent la transcription à Saint-Germain-des-Prés.

« A la suite de la Correspondance de Mabillon, on a réuni en cinq volumes, cotés 1241-1245, sous le titre de *Papiers de Mabillon*, différentes notes et différents brouillons de cet illustre bénédictin.

. . . .

« Pour former la Collection de lettres de Mabillon, qui est à la Bibliothèque impériale dans le volume 1228 du Résidu, les religieux de Saint-Germain se sont livrés à de longues recherches et ont fait bien des démarches. Ils ont d'abord recueilli les minutes autographes qui étaient dans les papiers de Mabillon. Ils ont ensuite réuni les lettres originales qui se trouvaient à Saint-Germain dans les portefeuilles de quelques-uns de leurs confrères (d'Achery, Martène, Martin, Porcheron, Ruinart). Ils ont même fait revenir de Rome les lettres écrites à Estiennot et à La Parre, procureurs de la congrégation dans cette ville. Enfin, ils se sont fait remettre les lettres adressées par Mabillon à plusieurs correspondants éloignés de Paris, tels que Christophe Daubin, religieux de Fécamp, Jacques Du Chemin, prieur de Vitré, et M. Marquette, conseiller au présidial, à Laon.

« Voilà comment les Bénédictins ont constitué leur Collection des Lettres de Mabillon; voilà les sources auxquelles ils ont puisé. Eh bien! c'est à ces mêmes sources, depuis longtemps taries, qu'il aurait fallu puiser pour réunir les 123 lettres de Mabillon dont M. Chavin était détenteur. N'y trouvons-nous pas, en effet, comme dans la Collection de la Bibliothèque impériale, n'y trouvons-nous pas des minutes autographes que Mabillon avait gardées dans ses papiers, des lettres originales que cet illustre savant avait écrites à ses amis de Saint-Germain (à d'Achery, à Martène, à Porcheron, à Ruinart), aux procureurs de la congrégation à Rome (Estiennot et La Parre), et à plusieurs de ses correspondants de province (Daubin, religieux de Fécamp, Du Chemin, prieur de Vitré, Marquette, conseiller au présidial de Laon). De bonne foi, qui aurait pu, soit au XVIIIe siècle, soit au XIXe siècle, qui aurait pu, en dehors de la Congrégation de Saint-Maur, réunir des lettres de provenances aussi diverses? Qui l'aurait pu, à moins de démembrer le recueil si laborieusement formé par les amis et les disciples de l'immortel auteur du *De Re diplomatica?*

« Le raisonnement que nous faisons sur la correspondance de Mabillon, nous pourrions le faire sur la plupart des séries de la Collection de M. Chavin ; mais il serait inutile d'insister sur cet argument, puisque nous avons à faire valoir des preuves matérielles qui forceront les plus incrédules à reconnaître : 1° que les documents saisis dans la succession de M. Chavin ont fait partie des collections de Saint-Germain ; 2° qu'ils n'en ont été distraits qu'après l'entrée de ces collections à la Bibliothèque nationale, au mois de ventôse de l'an IV.

« Les pièces composant les correspondances de d'Achery, de Mabillon et de quelques autres Bénédictins ont été primitivement rangées à Saint-Germain-des-Prés suivant l'ordre chronologique. Pour faciliter le classement, un religieux, dont nous ne saurions dire le nom, a inscrit au dos d'un grand nombre de lettres les dates auxquelles il fallait les ranger. Ces cotes, qu'on voit très-fréquemment sur les lettres que possède encore la Bibliothèque impériale, se retrouvent *sur 68 lettres réclamées.*

« Dans la correspondance de d'Achery, on remarque un certain nombre de pièces qui ont été grossièrement montées sur des feuilles de papier plus grand et plus fort que les lettres, pour en assurer la conservation dans la Bibliothèque de Saint-Germain. Cette monture se retrouve sur quatre pièces saisies, savoir :

les lettres d'Arnauld, de Le Comte, de Le Maistre et de Possin.

« Ces cotes et ces mentions prouvent que les lettres que nous revendiquons faisaient partie des collections de Saint-Germain. On est amené à la même conclusion en examinant les annotations que portent plusieurs de ces lettres.

« Quand les Bénédictins songèrent à publier la Correspondance de Mabillon, un religieux, dont le nom nous est inconnu, examina les lettres de Mabillon à Estiennot, pour y marquer les passages qu'il aurait été dangereux de publier. Voici, par exemple, les notes qu'il a mises sur plusieurs des lettres de Mabillon, reliées dans le volume 1228 :

« F. 197. *Nota.* 1° *Il faut ôter le nom du religieux ci-dessous ;* 2° *ce qui regarde Mgr l'évêque de Soissons.*

« F. 203. *Nota. Il y a quelque chose à ôter touchant le P. Hardouin.*

« F. 285. *Nota. La ligne quatre de la quatrième page de cette lettre doit peut-être être retranchée par prudence.*

» Des notes tout à fait analogues ont été mises par la même main au haut de neuf lettres de Mabillon saisies ; il n'est pas inutile de les citer.

« Lettre du 13 février 1690 : *Nota. Il y a bien des choses à retrancher.*

« Lettre du 12 décembre 1695 : *Nota.. Il faut prendre garde à la troisième page et la retrancher.*

« Lettre du 7 août 1696 : *Nota. Je crois qu'il ne faut pas imprimer cette lettre, par rapport à ce qu'on y marque des censures* in globo et respectivè.

« Lettre du 22 décembre 1699 : *Nota. Il ne faut*

pas imprimer cette lettre. (La même observation est faite sur les lettres du 8 mars, du 23 mars et du 27 juillet 1699.)

« Lettre du 29 juin 1699 : *Nota. Il faut examiner si on doit imprimer cette lettre comme elle est. Ce n'est pas mon sentiment.*

« Lettre du 18 septembre 1699 : *Nota. Il n'est pas prudent d'imprimer cette lettre.*

« De ces notes il est permis de tirer deux inductions : la première, c'est que les lettres saisies ont incontestablement fait partie de la collection reliée dans le volume 1228 de la Bibliothèque impériale ; la seconde, c'est que les religieux de Saint-Germain-des-Prés n'ont pas laissé sortir de leurs mains des lettres qui auraient pu faire accuser leur congrégation de pencher trop fortement du côté des opinions jansénistes.

« Par des raisons qu'il est inutile de rechercher ici, l'idée de publier toute la Correspondance de Mabillon fut abandonnée. On se contenta de donner un choix de lettres dans les Œuvres posthumes de Dom Jean Mabillon et de Dom Thierri Ruinart, qui parurent en 1724 (3 volumes in-4°). L'éditeur, Dom Vincent Thuillier, se dispensa de copier les lettres qui devaient entrer dans le recueil ; il relut attentivement les originaux, effaça les formules qui devaient être supprimées, récrivit les dates d'une manière uniforme, et plaça en tête le nom de l'auteur et le nom du destinataire, avec un court argument. Ces annotations se voient souvent à la Bibliothèque impériale dans les dix volumes de la Correspondance de Mabillon. On les voit sur huit des lettres revendiquées : lettres de De Boin, de Guillaume Fillastre, de Fléchier, de Fleury, du cardinal Le Camus, de Leibnitz, de Monnier et de Petit-Didier. Parmi ces lettres, il en est deux sur lesquelles on ne saurait trop fixer l'attention.

L'une est une lettre de frère Hilarion Monnier à Mabillon, en date du 5 novembre 1692. D. Vincent Thuillier a mis en tête de cette lettre : *Le même à D. Jean Mabillon*. L'explication des mots *le même* ne saurait être douteuse. « La lettre du 5 novembre 1692 était placée à côté d'une lettre du 12 octobre 1692, qui est restée à la Bibliothèque impériale (Résidu, 1234, f. 215), et en tête de laquelle D. Vincent Thuillier a mis ces mots : *D. Hilarion Monnier à D. J. Mabillon.*

« La seconde lettre, que nous recommandons à l'attention, est datée du 23 février 1683. En tête de cette lettre, D. Vincent Thuillier a mis cette annotation : *D. Guilielmus Fillastre ad D. J. Mabillonium, de Lexoviensis ecclesiæ statuto, qui adosca non venerit mulctetur.* La Bibliothèque impériale possède une copie de la réponse de Mabillon, avec cette annotation de D. Vincent Thuillier : *D. Joan. Mabillonius ad D. Guill. Fillastre : Respondet ad superiorem epistolam.* Ces derniers mots prouvent jusqu'à l'évidence que la lettre de D. Fillastre saisie dans la succession Chavin était jointe à la réponse qui est restée à la Bibliothèque impériale.

« En présence des cotes, des traces de monture et des annotations que nous venons de signaler, il est impossible de nier que les pièces dont il s'agit aient été classées dans les collections de Saint-Germain-des-Prés. Qu'elles y soient restées jusqu'à la suppression de l'abbaye, c'est ce que prouvent les notes écrites sur plusieurs des pièces revendiquées. Au dos de la lettre de D. Lamy, nous lisons : *Le P. Lamy, con-*

férence avec l'abbé de la Trappe en présence de Son Altesse Royale; et sur les cahiers de Mabillon : *Mabillon, Journal de l'Iter Italicum, 1er volume, 1er avril* 1685, 5 *juin.— Mabillon, Journal de son séjour à Rome,* 15 *juin* 1685 *au* 17 *janvier* 1686, *intitulé : secundus tomus Itineris Romani.—Mabillon, Journal de l'Iter Italicum,* 3e *vol., janvier* 1686, 19 *juin.*

« Ces notes sont de la main de D. Poirier, le dernier bibliothécaire de Saint-Germain-des-Prés, celui-là même qui a présidé au transport des manuscrits de Saint-Germain à la Bibliothèque nationale.

« Ce n'est donc pas avant la Révolution que les pièces dont il s'agit ont été détachées des recueils de Saint-Germain. Il y a plus. Ces pièces étaient à la Bibliothèque impériale, en 1809, lorsque Lalande, employé au département des manuscrits, a rédigé le catalogue du Résidu de Saint-Germain.

« Lalande, décrivant un portefeuille jadis coté 761, faisant partie du paquet 138, et dont le contenu est maintenant relié dans le volume 1217, signale *une lettre de dom Lamy, intéressante, concernant l'abbé de la Trappe.* L'absence de ce document a été constatée par M. Sainte-Marie Mévil, chargé de faire un récolement du Résidu de Saint-Germain, en 1852. Nous n'avons pas hésité à le reconnaître parmi les pièces saisies : c'est la lettre dans laquelle François Lamy rend compte d'une conférence qu'il a eue avec l'abbé de la Trappe, en présence de Son Altesse Royale.

« Dans la description que Lalande a faite du paquet 140, sous le n° 6, on remarque cette mention : *Itinéraires du P. Mabillon en Allemagne, en* 1683, *avec une instruction donnée par le ministre du roi, aux frais de qui il voyageoit en Italie; — en* 1685, *en* 1686 (*trois parties*). M. Mévil a encore constaté l'absence des quatre parties d'itinéraires mentionnées par Lalande. Toutes les quatre se sont retrouvées dans la succession de M. Chavin.

« Il n'est pas inutile de faire observer que la Bibliothèque impériale possède encore à la fin du volume 1238 du Résidu une feuille de papier qui a servi d'enveloppe et sur laquelle Lalande a écrit ces mots : *Itinéraires de D. Mabillon : en Allemagne, en* 1683, *accompagné d'une instruction donnée par le ministre; en Italie, en* 1685 *et* 1686 (3 *parties*). Quand on a relié cette portion du Résidu, en 1853, il ne restait plus dans la chemise que l'instruction ministérielle. Les itinéraires avaient disparu ; nous avons ignoré ce qu'ils étaient devenus jusqu'au jour où nous les avons vus annoncés sur le catalogue du cabinet de M. Chavin.

« Nous avions donc raison de demander tout à l'heure comment un tel ensemble de pièces relatives aux religieux de Saint-Germain se trouvait entre les mains d'un particulier, et M. Charavay ne se trompait pas quand, pour faire ressortir la valeur des lettres autographes qu'il était chargé de vendre, il annonçait que jamais on n'avait vu de collection particulière aussi riche en lettres de bénédictins.

« L'existence de cette collection particulière n'était pas cependant tout à fait ignorée du monde savant. Dans son *Histoire de Mabillon*, publiée en 1843, M. Chavin cite sous la cote Mss. P. (manuscrits d'un cabinet particulier) [1] des documents qui présentent

[1] Voici les expressions mêmes de M. Chavin :

« Désormais, pour éviter les notes, nous mettrons simplement entre parenthèses dans le texte Mss. P. pour indiquer les manuscrits d'un un vif intérêt pour l'histoire de la Congrégation de Saint-Maur. Ce sont :

« 1° (Page 219.) Lettre de M. de Lavacquerie à Ménard ;

« 2° (Page 281.) Notes de Baluze pour Mabillon, sous la cote Mss. P., 10 ;

« 3° (Page 282.) Lettre de Valois à d'Achery, pour se plaindre de Germain et de Mabillon, sous la cote Mss. P., 87;

« 4° (Page 286.) Lettre de Fénelon à Mabillon, sous la cote Mss. P., 31;

« 5° (Page 288.) Lettre du P. Possin, sous la cote Mss. P., 20;

« 6° (Page 288.) Lettre de Madame de La Vallière, sous la cote Mss. P., 52;

« 7° (Page 305.) Lettre de Mabillon à un de ses confrères, vers l'année 1677, renfermant cette phrase : « Je ne cherche point d'occasion d'écrire touchant « le livre de l'*Imitation*; au contraire, je les fuis « toutes, n'y ayant sur cette matière que trop de « livres que l'on ne lira jamais, » sous la cote Mss. P., 64;

« 8° (Page 320.) Lettre de Bougis à D. Guillaume La Parre, en 1707;

« 9° (Page 330.) Lettre de Mabillon à Estiennot, en date du 8 mars 1699, sous la cote Mss. P., 112;

« 10° (Page 331.) Lettre de Letellier à Mabillon;

« 11° (Page 354.) Lettre de Mabillon à Ruinart en 1683, sous la cote Mss. P., 57;

« 12° (Page 361.) Lettre d'Estiennot, contenant

cabinet particulier, et Mss. B. R. pour indiquer les manuscrits de la Bibliothèque Royale. » (*Histoire de Mabillon*, page 221, note.)

n jugement sur la société romaine, sous la cote Mss. P., 8;

« 13° (Page 361.) Lettre de Jean Durand, où il dit en parlant de l'étude : « Nous y passons assez souvent sept ou huit heures par jour, » sous la cote Mss. P., 3;

« 14° (Page 322.) Lettre de Germain racontant une excursion à l'abbaye de Farfa, sous la cote Mss. P., 37;

« 15° (Page 374.) Lettre de Germain à Porcheron, contenant une description de Naples, sous la cote Mss. P., 32;

« 16° (Page 378.) Lettre de Germain contenant un portrait de Magliabecchi, sous la cote Mss. P., 26;

« 17° (Page 385.) Lettre de Mabillon à Pontchartrain, pour le remercier de sa nomination à l'Académie, sous la cote Mss. P., 131;

« 18° (Page 435.) Lettre de Mabillon à La Parre, sous la cote Mss. P., 122;

« 19° (Page 459.) Lettre de Mabillon à Martène, en 1695, sous la cote Mss. P., 84;

« 20° (Page 489.) Lettre du B. Joseph-Marie Tomasi à Ruinart, sous la cote Mss. P., 59.

« Sur ces vingt lettres, nous en avons reconnu quinze parmi les pièces saisies. Cependant, M. Chavin, dans sa préface, ne dit rien qui puisse faire soupçonner qu'il est le particulier dont le cabinet est si riche en lettres autographes relatives aux Bénédictins. Il parle simplement de manuscrits précieux sur la Congrégation de Saint-Maur, gardés avec amour par un savant chrétien « que je voudrais, dit-il, pouvoir nommer. »

« Dans un ouvrage publié, en 1846, sous le titre

de : *Correspondance inédite de Mabillon et de Montfaucon avec l'Italie* (3 vol. in-8°), M. Valery a donné le texte de cinquante-deux lettres de Durand, d'Estiennot, de Germain et de Mabillon, dont il était redevable « à une communication particulière. » Ici il n'est guère difficile de reconnaître la collection dont nous venons de parler. En effet, M. Valery publia d'après un *manuscrit particulier* (ce sont ses propres expressions) quatre lettres que l'auteur de la *Vie de Mabillon* cite sous la cote Mss. P. [1] De plus, sur les cinquante-deux lettres publiées par M. Valery *d'après un manuscrit particulier*, nous en avons retrouvé quarante-huit chez M. Charavay.

« Ainsi, les lettres du cabinet de M. Chavin, présentement revendiquées par la Bibliothèque impériale, sont incontestablement les manuscrits du savant chrétien que le même M. Chavin aurait voulu pouvoir nommer. Ce sont bien aussi les pièces que M. Valery a dues à une communication particulière. Cela posé, nous sera-t-il permis de rechercher pourquoi le possesseur de ces précieuses correspondances tenait à ne pas voir son nom révélé au public ?

« Pour qui sait avec quel orgueil les amateurs se complaisent à citer et à voir citer les pièces de leurs collections, une telle réserve est assez étonnante. La surprise augmente quand on trouve cette réserve chez un homme qui avait voué aux Bénédictins l'admiration la plus enthousiaste. M. Chavin montre avec amour sur les rayons de sa bibliothèque les ouvrages imprimés des Bénédictins. Il se vante

[1] Lettres des 3 mars 1685, 27 octobre 1685, 18 février 1686 et 15 mars 1686, publiées par M. Valery, tome 1, pages 53, 151, 223 et 231, et citées par M. Chavin, pages 361, 372, 374 et 378.

le posséder des livres qui pourtant n'ont rien de curieux, puisqu'ils sont entre les mains de tous les érudits. Il juge à propos de nous apprendre avec quelle joie il s'imposait des privations pour les acquérir [1]. Et il ne fait pas briller à nos yeux le plus précieux joyau de son trésor! Il n'a plus que des réticences et des paroles embarrassées quand il s'agit de documents uniques dans leur genre; quand il s'agit d'une série de 123 lettres de Mabillon (la plus intéressante et la plus nombreuse qui existe probablement en Europe, après la collection de la Bibliothèque impériale); quand il s'agit de lettres écrites aux Bénédictins par Fénelon, par Fléchier, par de Rancé, par madame de La Vallière, et par les princes de l'érudition en France, en Angleterre, en Allemagne et en Italie!

« Un pareil silence est inexplicable, ou plutôt il ne s'explique que trop aisément. M. Chavin avait ses raisons pour craindre d'attirer l'attention sur les lettres de son cabinet. Il savait que sa conduite avait fini par éveiller les soupçons des conservateurs du département des manuscrits. Il n'avait sans doute pas oublié qu'un jour ces conservateurs remarquèrent et firent enlever des cartons qu'il avait entassés comme pour se soustraire à leurs regards.

« S'il en est besoin, des témoins oculaires garantiront l'exactitude du fait que nous venons de mettre en avant. Mais nous espérons que, même sans cette circonstance, les droits imprescriptibles de la Bibliothè-

[1] « Tout l'argent que je pouvais avoir, je l'employais à acheter les ouvrages de dom Mabillon et de ses confrères : c'était de bien grands sacrifices pour ma pauvre bourse ; mais aujourd'hui que je contemple ces chers volumes à leur place d'honneur dans ma bibliothèque, j'ai oublié toutes mes privations. » *Histoire de Mabillon*, page 41.)

que impériale ne sauraient être méconnus. Nous croyons en effet avoir mis hors de doute que les pièces saisies dans la succession de M. Chavin proviennent des collections de Saint-Germain-des-Prés, qu'elles ont été gardées dans cette abbaye jusqu'à la révolution, qu'elles ont été portées à la Bibliothèque nationale au mois de ventôse de l'an IV, qu'elles y étaient en 1809, comme l'atteste le catalogue de Lalande, et qu'elles n'en sont sorties que pour entrer dans le cabinet d'un amateur qui citait ces mêmes pièces sans oser avouer qu'il en était détenteur. »

Nous n'aurions rien à ajouter au travail décisif de M. Léopold Delisle, si un argument que nous avons fait valoir contre M. Firmin Didot ne devait être également opposé à M. Demichelis et à la succession Chavin de Malan. Une collection de 514 pièces autographes de Bénédictins est tellement précieuse, et si exceptionnellement rare que son origine et sa possession ont dû laisser dans le monde littéraire des traces et même des preuves sérieuses. Une pareille collection, qui a une grande valeur pécuniaire, a de toute nécessité une origine et une propriété antérieures qu'il est facile de justifier, lorsque cette origine est régulière et légale, lorsque cette propriété repose sur des actes certains et honnêtes. M. Chavin de Malan n'est pas possesseur à meilleur titre des 514 autographes saisis-revendiqués, qu'il ne l'était de l'Homère des Aldes de 1504; aussi mettons-nous au défi M. Demichelis et la succession Chavin de Malan d'apporter la preuve d'une possession honnête, sérieuse et légitime.

Cette preuve ne pourra jamais être faite, parce que la collection dont il s'agit provient, ainsi que M. L.

Delisle l'a démontré péremptoirement, du Résidu de Saint-Germain, resté à l'abbaye de Saint-Germain-des-Prés jusqu'en 1794, et devenu dès 1790 la propriété du domaine de l'État.

Aucun acte régulier n'a fait sortir ces 514 pièces du domaine de l'État. Si aujourd'hui la Bibliothèque impériale a été privée momentanément de leur possession, c'est par suite de circonstances coupables dont la preuve a été faite de la manière la plus incontestable. Ces circonstances coupables, ce vol pour l'appeler par son nom, n'ont jamais pu créer un titre à M. Chavin ; or c'est le seul qu'il pourrait indiquer.

Tout dans l'espèce justifie la réclamation de la Bibliothèque impériale : titres de propriété, preuves matérielles et preuves morales.

CHAPITRE IX

JURISPRUDENCE.

Les livres, estampes et manuscrits qui composent les collections des bibliothèques de l'État, font partie du domaine public, et sont comme lui imprescriptibles et inaliénables. Ce principe tutélaire est la sauvegarde de ces collections : qu'il manque, aussitôt les choses les plus rares, les objets les plus précieux disparaîtront des bibliothèques publiques et iront enrichir les cabinets des particuliers — Le temps s'écoulera, la prescription triennale sera facilement acquise, et par suite des circonstances habilement ménagées, des pertes incalculables seront éprouvées dans les richesses de l'État.

L'avenir serait impossible s'il en était ainsi, car l'État n'amasserait que pour les plus habiles. La tentation qui existe aujourd'hui, alors que l'impunité n'est pas assurée, deviendrait bien grande si le temps pouvait rendre régulière une possession illégitime au début. La convoitise serait excitée d'une manière déplorable, et le vol des choses de l'État deviendrait une théorie et une pratique à l'usage des plus habiles.

Les bibliothèques n'auraient plus d'autre secours que de se fermer au public. Et alors leur utilité s'anéantirait, ce serait de riches dépôts sans objet et sans résultat pour les travaux scientifiques et littéraires. Il n'en pouvait être ainsi ; l'intérêt général ne le permettait pas : aussi la jurisprudence a-t-elle consacré le principe de l'inaliénabilité et de l'imprescriptibilité des objets existants dans les bibliothèques publiques, et comme conséquence, le droit, pour les bibliothèques, de revendiquer les objets qui leur avaient été volés.

La Bibliothèque impériale a eu l'honneur de soutenir, il y a quatorze ans, ces principes devant la justice, et de les voir accueillir par la Cour de Paris, dans une espèce qui offre de grandes analogies avec la cause actuelle. Nous analyserons très-succinctement cette affaire, qui avait pour objet la restitution d'un autographe de Molière.

Le sieur Charron, libraire à Paris, annonça le 12 avril 1844, en la salle Silvestre, à Paris, la vente d'une collection d'autographes parmi lesquels figurait une quittance notariée du 7 août 1669, signée de Molière, et constatant le payement à lui fait d'une somme de 144 livres, pour nourriture de la troupe des comédiens du Roi pendant les deux jours qu'ils étaient restés à Saint-Germain-en-Laye pour représenter devant le Roi les comédies de l'*Avare* et du *Tartufe*.

M. Naudet, alors directeur de la Bibliothèque royale, s'opposa à la vente et forma une demande en revendication de ce précieux autographe de Molière, comme étant la propriété de la Bibliothèque.

Cette pièce n'était pas revêtue de l'estampille, mais la propriété de la Bibliothèque royale était prouvée par l'extrait suivant de l'ouvrage de M. Jules Taschereau sur la vie et les ouvrages de Molière, dont la première édition parut en 1825 :

« Le roi attacha la troupe de Molière à sa personne,
« en lui donnant une pension de 7,000 livres. Nous
« devons ajouter, qu'outre ce traitement annuel, ce
« prince gratifiait leur directeur de subventions assez
« fréquentes. »

« On trouve à la Bibliothèque du Roi, section des Manuscrits :

« 1° Du 19 janvier 1667, quittance, par Molière au
« trésorier de l'argenterie du roi, de la somme de
« 2,200 livres, savoir : 1,800 pour les habits et adjus-
« temens de l'augmentation du ballet, et 400 livres
« pour les adjustemens précédens du même ballet ;

« 2° Du 26 juillet 1668, autre quittance, par Mo-
« lière au trésorier de l'argenterie du roi, de la somme
« de 400 livres pour l'augmentation des habits de la
« feste de Versailles ;

« 3° Du 7 août 1668, autre quittance, par Molière,
« au trésorier général des menus plaisirs, de la somme
« de 144 livres pour lui et onze acteurs de sa troupe,
« à 6 livres chacun par jour, pour deux jours passés à
« Saint-Germain pour y représenter les comédies de
« *l'Avare* et du *Tartufe* au Château-Neuf ;

« 4° Du 31 août 1669, autre quittance de 500 livres
« pour l'impression de la comédie à ballet de *la Prin-*
« *cesse d'Élide.*

« La seconde de ces pièces avait été découverte il
« y a deux ans environ. Les trois autres ne l'ont été
« que récemment.

« Un plus grand nombre sans doute ne nous sera
« pas parvenu. »

Le sieur Charron alléguait qu'il était acquéreur de

bonne foi de cette pièce non estampillée ; il soutenait qu'il l'avait achetée légitimement de M. Lalande, secrétaire de la présidence de la Chambre des pairs, et que ce dernier l'avait acquise par voie d'échange de M. Campenon, membre de l'Académie française, lequel la possédait depuis 1825.

A la date du 31 juillet 1844, le Tribunal civil de première instance de la Seine a rendu le jugement suivant :

« Attendu que les documents de la cause établissent « qu'antérieurement à 1823 l'autographe appartenait « à la Bibliothèque royale et qu'elle en était encore en « possession en 1825, comme on le voit dans l'ouvrage « publié à cette époque par Taschereau sur la vie et « les ouvrages de Molière ;

« Attendu qu'il est constant et non méconnu qu'en « avril 1838 l'autographe dont s'agit est passé par « suite d'échange des mains de Campenon dans celles « de Lalande, qui depuis l'a cédé à Charron, qui s'en « trouve détenteur ;

« Attendu que Lalande et Charron sont évidem- « ment des possesseurs de bonne foi ;

« Que la même bonne foi protége Campenon ;

« Attendu que la possession de Campenon, de La- « lande et de Charron remonte à plus de trois années. « D'où il suit qu'à supposer que ledit autographe « soit sorti de la Bibliothèque royale, même par un « fait illicite et coupable, la propriété de Charron n'en « serait pas moins légitime et incontestable, protégée « qu'elle est par une détention de bonne foi de plus de « trois années ;

« Attendu que si dans un intérêt public on doit ran- « ger parmi les choses imprescriptibles les ouvrages,

« les manuscrits, les autographes, et toutes les ri-
« chesses littéraires, historiques, géographiques et
« scientifiques, composant la Bibliothèque royale, il est
« juste de convenir que pour les pièces ainsi hors du
« commerce et de la prescriptibilité il faudrait néces-
« sairement qu'elles se trouvassent revêtues d'un
« signe particulier et ostensible qui signalerait aux
« yeux de tous leur caractère exceptionnel d'inaliéna-
« bilité, afin que la confiance et la bonne foi ne de-
« vinssent jamais victimes de la fraude ;

« Attendu que l'autographe dont il s'agit ne porte
« ni estampille, ni marque, ni caractère propre à le
« faire reconnaître, même à le faire supposer dépen-
« dant du domaine de la Bibliothèque royale ;

« Par ces motifs, déboute Naudet, ès-noms, de sa
« demande. »

M. Naudet interjeta appel. Invoquant le fait de possession par la Bibliothèque royale de l'autographe de Molière à une époque ancienne, fait constaté dans le jugement, il établissait en droit que cette pièce n'avait pu cesser d'être la propriété de l'État; qu'à ce titre elle était imprescriptible et inaliénable, bien qu'elle ne portât pas d'estampille.

Le 3 janvier 1846, la première chambre de la Cour royale de Paris, sous la présidence de M. Séguier, premier président, et sur les conclusions conformes de M. Nouguier, avocat général, a rendu l'arrêt suivant :

« Considérant en principe que les ouvrages, ma-
« nuscrits, plans, autographes et autres objets pré-
« cieux, faisant partie de le Bibliothèque royale, sont
« inaliénables et imprescriptibles, comme appartenant
« au domaine public ;

« Considérant, en fait, qu'il est établi que l'auto-

« graphe de Molière appartenait en 1823 à la Biblio-
« thèque royale; que l'ouvrage publié en 1825 par
« Taschereau sur la vie et les ouvrages de Molière
« constate qu'à cette dernière époque l'autographe
« dont il s'agit était encore la possession de la Biblio-
« thèque; qu'ainsi la vente qui a été faite par un tiers
« de cet autographe à Charron est essentiellement
« nulle, et qu'il n'est pas recevable à exciper de sa
« bonne foi;

« Considérant d'ailleurs que la nature même de la
« pièce, revêtue de la signature de Molière, et sa tran-
« scription de l'ouvrage de Taschereau, avec l'indica-
« tion de son dépôt à la Bibliothèque du Roi, démon-
« traient suffisamment que la possession de cette pièce
« n'était pas légitime;

« Infirme au principal : déclare la Bibliothèque
« royale seule et véritable propriétaire de l'autographe
« dont il s'agit; en conséquence, et attendu que cette
« pièce, appartenant à un dépôt public, doit être im-
« médiatement rétablie, ordonne que ladite pièce sera
« à l'instant même remise entre les mains du greffier,
« pour être, sur le vu de l'arrêt, rétablie à la Biblio-
« thèque royale, sur le récépissé de son direc-
« teur.»

La cour de Paris a fait une juste application des vrais principes sur la matière. Sa décision est d'ailleurs, en tout point, conforme à un arrêt de la Cour de cassation du 10 août 1841, rendu sous la présidence de M. Boyer, au rapport de M. Bérenger de la Drôme, et sur les conclusions de M. Laplagne-Barris, premier avocat général. Dans cette affaire, il s'agissait d'un tableau appartenant au Musée du Louvre, représentant saint Jean dans le désert, et qui avait été confié à M. le duc de Maillé, pour servir à l'ornement de l'église de Longpont.

Ce tableau, qui était rentré dans la collection de M. le duc de Maillé, avait été après son décès, arrivé en 1838, adjugé à la requête de ses héritiers à un sieur Cousin, marchand de tableaux.

La Cour de cassation, dans un arrêt remarquablement motivé, reconnaît et constate l'inaliénabilité et l'imprescriptibilité des tableaux composant la dotation de la couronne.

CHAPITRE X

DOMMAGES-INTÉRÊTS

Les livres et les estampes saisis ont été odieusement lacérés et mutilés, pour faire disparaître les traces de propriété de la Bibliothèque impériale et de la Bibliothèque Sainte-Geneviève. Ils ne peuvent pas être restitués dans leur état ancien, tels qu'ils étaient avant de quitter les rayons des deux Bibliothèques. Ils sont aujourd'hui deshonorés, et ils ont perdu, par suite, une notable partie de leur valeur vénale.

Les bibliothèques ont donc éprouvé un sérieux et réel préjudice pécuniaire, dont la réparation doit être prononcée par le Tribunal.

Nous avons dû nous adresser, pour obtenir cette réparation, aux détenteurs des livres et estampes, les seuls que nous connaissons. Vainement ils se retranchent devant leur bonne foi ; ils sont trouvés détenteurs des livres et estampes volés, lacérés et mutilés; ils sont seuls légalement, aux yeux des établissements publics, tenus de la restitution et *de toutes les conséquences de cette restitution.*

A cette objection de bonne foi, nous avons une réponse à faire. Nos adversaires ont su parfaitement qu'ils achetaient des livres et estampes mutilés et lacérés, ils les ont payés beaucoup meilleur marché eu égard à ces mutilations et lacérations. Un amateur de livres et un libraire n'achètent pas volontiers un livre lacéré. Ils savent qu'on ne mutile pas, qu'on ne lacère pas un livre sans une cause, et que presque toujours cette cause est mauvaise ; il y a un but que l'on s'est proposé, *faire disparaître une preuve* qui vous serait contraire, une constatation qui vous préjudicierait ou un fait qui vous serait dommageable. Il y a dans l'achat d'un livre ainsi déshonoré, et dont la valeur est de beaucoup diminuée, une grande légèreté qui engage nécessairement la responsabilité.

Lorsque dans une vente publique la mutilation d'un livre n'a pas été annoncée au moment de la vente, l'adjudicataire a le droit de restituer le livre et de faire annuler l'adjudication ; un délai de vingt-quatre heures, à partir de l'adjudication, lui est accordée pour collationner le livre et le rendre s'il est incomplet. déchiré ou mutilé.

Cet usage du commerce de livres éclaire la question ; il fait voir combien un livre incomplet perd de son importance et de sa valeur. Dans tous les catalogues, le libraire chargé de la vente prend soin d'indiquer les imperfections du livre, les lacérations et déchirures du titre, les piqûres des vers, les défauts et les différences de la reliure, les pages manquantes ou déchirées, en un mot, tout ce qui diminue la valeur du livre. ce qui doit frapper l'amateur et le déterminer de faire l'acquisition.

Un très-sérieux amateur de livres, possesseur d'une

magnifique bibliothèque, célèbre par ses écrits et par les hautes fonctions qu'il a remplies, une des gloires de notre pays, nous disait, à l'occasion des procès actuels, qu'il n'achetait pas un livre s'il n'était complétement pur, quelque précieux qu'il fût pour lui. Il l'examinait avec le plus grand soin, le feuilletait depuis la première jusqu'à la dernière page, et s'il trouvait une tache, une déchirure, un grattage, un feuillet recollé, un titre remplacé, il renonçait à l'acquisition, parce qu'il ne voulait que des livres intacts pour compléter sa riche collection, parce qu'il n'y a que les livres intacts dont la possession puisse être légitime, parce qu'enfin un livre incomplet ou raccommodé cache sous ses lacérations et ses mutilations une origine plus que douteuse.

Ce noble exemple devrait être la règle de conduite de tous ceux qui ont l'amour sincère des livres. S'il était exactement suivi, les bibliothèques publiques ne seraient pas privées si fréquemment de leurs livres rares et de leurs précieux manuscrits, et ce, à l'avantage exclusif des collections particulières.

Acheter des livres mutilés sciemment et en grand nombre, c'est faire acte de grande légèreté, et, sans être rigoureux, nous pourrions dire, c'est commettre une véritable faute, car c'est encourager le vol et lui donner aide, assistance, protection et abri; c'est couvrir de sa personnalité honorable, considérée, influente, l'objet et le résultat d'une mauvaise action.

Le Tribunal pèsera dans sa sagesse les conséquences d'une pareille légèreté, d'une telle faute; il en calculera les dangers pour les bibliothèques publiques, et pour la conservation de leurs richesses.

Sa décision aura une grande portée, car il ne s'agit

pas seulement de restituer des livres volés et de réparer un préjudice incalculable, il faut par une justice sévère réparer les effets du mal, en arrêter les progrès et le détruire à tout jamais pour l'avenir.

C'est un enseignement et une leçon qui profiteront à tous.

S. M. l'Empereur, en décrétant, le 14 juillet 1858, la réorganisation de la Bibliothèque impériale, a eu pour but de pourvoir à la sûreté des collections[1].

Pour accomplir le but de Sa Majesté, le concours du Tribunal sera souvent nécessaire. En l'invoquant aujourd'hui, nous agissons principalement dans un intérêt d'avenir pour les bibliothèques publiques.

[1] Rapport de S. Ex. M. le ministre de l'instruction publique, *Moniteur universel* du 20 juillet, paragraphe avant-dernier.

TABLE

PARIS. — IMPRIMÉ CHEZ BONAVENTURE ET DUCESSOIS,
55, quai des Augustins.

www.ingramcontent.com/pod-product-compliance
Ingram Content Group UK Ltd.
Pitfield, Milton Keynes, MK11 3LW, UK
UKHW020343180726
13839UKWH00002B/877